CONSTITUIÇÃO, CRISE E CIDADANIA

C972c   Cunha, Paulo Ferreira da
          Constituição, crise e cidadania / Paulo Ferreira da Cunha.
     – Porto Alegre: Livraria do Advogado Editora, 2007.
          129 p.; 23 cm.

          ISBN 978-85-7348-500-4

          1. Constituição. 2. Direito constitucional. 3. Cidadania.
     4. Crise. I. Título.

                              CDU – 342.4

          Índices para o catálogo sistemático:
     Constituição
     Cidadania
     Direito Constitucional
     Crise

     (Bibliotecária responsável: Marta Roberto, CRB 10/652)

Paulo Ferreira da Cunha

Professor Catedrático de Direito Constitucional e de Filosofia e Metodologia do Direito da Faculdade de Direito da Universidade do Porto. Director do Instituto Jurídico Interdisciplinar. Da Academia Europeia de Teoria do Direito, e das Associações Portuguesa e Internacional de Direito Constitucional. Dos Fundadores da Associação Portuguesa de Ciência Política. Agregado em Ciências Jurídicas Públicas. Doutor em Direito, Ciências Jurídico-Políticas, da Faculdade de Direito da Universidade de Coimbra e Doutor em Filosofia / História do Direito da Universidade Paris II.

CONSTITUIÇÃO, CRISE E CIDADANIA

Com prefácio do
Prof. Dr. Paulo Bonavides

Porto Alegre, 2007

© Paulo Ferreira da Cunha, 2007

Capa, projeto gráfico e diagramação
Livraria do Advogado Editora

Pintura da capa
Mape-monde
Charles Inselin (séc. XVII)
Buril e aquarela sobre papel (24,7 x 33,7 cm)
Acervo da Fundação Biblioteca Nacional, Rio de Janeiro - Brasil

Revisão
Rosane Marques Borba

Direitos desta edição reservados por
Livraria do Advogado Editora Ltda.
Rua Riachuelo, 1338
90010-273 Porto Alegre RS
Fone/fax: 0800-51-7522
editora@livrariadoadvogado.com.br
www.doadvogado.com.br

Impresso no Brasil / Printed in Brazil

Outros Livros do Autor

Direito Constitucional, Público, Ciência e Filosofia Políticas

O Procedimento Administrativo, Coimbra, Almedina, 1987; *Quadros Institucionais – do social ao jurídico*, Porto, Rés, 1987 (esgotado); refundido e aumentado in *Sociedade e Direito*, Porto, 1990; *Mito e Constitucionalismo. Perspectiva conceitual e histórica*, Coimbra, Faculdade de Direito, 1990 – tese de Mestrado em Direito – Ciências Jurídico-Políticas, na Faculdade de Direito da Universidade de Coimbra (esgotado); *Para uma História Constitucional do Direito Português*, Coimbra, Almedina, 1995 (esgotado); *Constituição, Direito e Utopia. Do Jurídico-Constitucional nas Utopias Políticas*, Coimbra, 'Studia Iuridica', Boletim da Faculdade de Direito, Universidade de Coimbra/Coimbra Editora, 1996 (tese de doutoramento em Direito. Ciências Jurídico-Políticas, na Faculdade de Direito da Universidade de Coimbra); *Res Publica. Ensaios Constitucionais*, Coimbra, Almedina, 1998; *Mysteria Ivris. Raízes Mitosóficas do Pensamento Jurídico-Político Português*, Porto, Legis, 1999; *A Constituição do Crime. Da Substancial Constitucionalidade do Direito Penal*, Coimbra, Coimbra Editora, 1998; *Responsabilité et culpabilité*, Paris, P.U.F., 2001 (esgotado); *Teoria da Constituição*, vol. I. *Mitos, Memórias, Conceitos*, Lisboa /São Paulo, Verbo, 2002; vol. II. Direitos Humanos, Direitos Fundamentais, Lisboa / São Paulo, Verbo, 2000; *Direitos Humanos – Teorias e Práticas*, Coimbra, Almedina, 2003 (org.), prefaciado por Jorge Miranda; *Teoria do Estado Contemporâneo*, Lisboa / São Paulo, Verbo, 2003 (org.); *Política Mínima*, Coimbra, Almedina, 2003, 2ª ed., corrigida e actualizada, 2005; *Miragens do Direito. O Direito, as Instituições e o Politicamente Correto*, Campinas, São Paulo, Millennium, 2003; *Anti-Leviatã. Direito, Política e Sagrado*, Porto Alegre, Sérgio Fabris Editor, 2005; *Repensar a Política. Ciência & Ideologia*, Coimbra, Almedina, 2005, 2ª ed., *ibid.*, 2007; *Novo Direito Constitucional Europeu*, Coimbra, Almedina, 2005; *Per-Curso Constitucional. Pensar o Direito Constitucional e o seu ensino*, Prefácio de Manoel Gonçalves Ferreira Filho, CEMOROC, Escola Superior de Direito Constitucional, Editora Mandruvá, São Paulo, 2006; O Essencial sobre Filosofia Política Medieval, Lisboa, Imprensa Nacional-Casa da Moeda, 2005; *O Essencial sobre Filosofia Política Moderna*, Lisboa, Imprensa Nacional-Casa da Moeda, 2006; *O Essencial sobre Filosofia Política da Antiguidade Clássica*, Lisboa, Imprensa Nacional-Casa da Moeda, 2006; *Raízes da República. Introdução Histórica ao Direito Constitucional*, Coimbra, Almedina, 2006; *Direito Constitucional Geral*, Lisboa, Quid Juris, 2006; *Direito Constitucional Geral. Uma Perspectiva Luso-Brasileira*, São Paulo, Método, 2006 (Prefácio de André Ramos Tavares); *Constituição da República da Lísia*, Porto, Conselho Distrital da Ordem dos Advogados, 2006; *A Constituição Viva. Cidadania e Direitos Humanos*, Porto Alegre, Livraria do Advogado Editora, 2007. *Direito Constitucional Aplicado*. Lisboa, Quid Juris, 2007; *O Essencial sobre Filosofia Política Liberal e Social*, Lisboa, Imprensa Nacional-Casa da Moeda, 2007; *O Essencial sobre Filosofia Política Romântica*, Lisboa, Imprensa Nacional-Casa da Moeda, 2007.

Filosofia e História do Direito

Pensar o Direito I. Do Realismo Clássico à Análise Mítica, Coimbra, Almedina, 1990; II. *Da Modernidade à Postmodernidade*, Coimbra, Almedina, 1991; *História da Faculdade de Direito de Coimbra*, Porto, Rés, 1991, 5 vols., Edição Comemorativa do VII Centenário da Universidade, patrocinada pela Faculdade de Direito de Coimbra, prefaciada por Orlando de Carvalho (com a colaboração de Reinaldo de Carvalho); *Amor Iuris. Filosofia Contemporânea do Direito e da Política*, Lisboa, Cosmos, 1995 (esgotado); *Lições Preliminares de Filosofia do Direito*, Coimbra, Almedina, 1998, 2ª ed. revista e actualizada, Coimbra, Almedina, 2002; *Lições de Filosofia Jurídica. Natureza & Arte do Direito*, Coimbra, Almedina, 1999; *Le Droit et les Sens*, Paris, L'Archer, dif. P.U.F., 2000; *Temas e Perfis da Filosofia do Direito Luso-Brasileira*, Lisboa, Imprensa Nacional-Casa da Moeda, 2000; *O Ponto de Arquimedes. Natureza Humana, Direito Natural, Direitos Humanos*, Coimbra, Almedina, 2001; *Mythe et Constitutionnalisme au Portugal (1778-1826) Originalité ou influence française?* (Tese de Doutoramento na Secção de História do Direito, Centro de Filosofia do Direito, na Universidade de Paris II, antiga Faculdade de Direito de Paris), Lisboa, Centro de História da Cultura – Universidade Nova de Lisboa, em publicação – 3 vols. editados); *Filosofia do Direito. Primeira Síntese*, Coimbra, Almedina, 2004; *Direito Natural, Religiões e Culturas* (org.), Coimbra, Coimbra Editora /FDUP, 2004; *Direito Natural, Justiça e Política* (org.), I vol., Coimbra, Coimbra Editora / FDUP, 2005; *História do Direito. Do Direito Romano à Constituição Europeia*, Coimbra, Almedina, 2005 (em colaboração); *Pensamento Jurídico Luso-Brasileiro*, Lisboa, Imprensa Nacional-Casa da Moeda, 2006; *Filosofia do Direito*, Coimbra, Almedina, 2006.

Metodologia e Propedêutica Jurídicas

Introdução à Teoria do Direito, Porto, Rés, 1988 (esgotado); *Noções Gerais de Direito*, Porto, Rés, 1ª ed., 1988, várias eds. ulteriores (em colaboração com José Falcão, Fernando Casal, e Sarmento Oliveira). Há edição bilingue português-chinês, aumentada; *Problemas Fundamentais de Direito*, Porto, Rés, 1988 (esgotado); *Direito*, Porto, Asa, 1990; 2ª ed. 1991; 3ª ed., 1994 (esgotado); *Direito. Guia Universitário*, Porto, Rés, 1990 (colaboração com Javier Hervada); *Princípios de Direito*, Porto, Rés, 1993; "*Peço Justiça!*", Porto, Asa, 1995 (esgotado); *Tópicos Jurídicos*, Porto, Asa, 1ª e 2ª eds., 1995 (esgotado); *Instituições de Direito*, vol. I. *Filosofia e Metodologia do Direito*, Coimbra, Almedina, 1998 (org.); vol. II. *Enciclopédia Jurídica*, Coimbra, Almedina, 2000 (org.), prefaciado por Vítor Aguiar e Silva; *Propedêutica Jurídica. Uma Perspectiva Jusnaturalista*, Campinas, São Paulo, Millennium, 2001 (em colaboração com Ricardo Dip); *Droit et Récit*, Québec, Presses de l'Université Laval, 2003; *Memória, Método e Direito. Iniciação à Metodologia Jurídica*, Coimbra, Almedina, 2004; *Manual de Retórica & Direito*, Lisboa, Quid Juris, 2007 (colaboração com M. Luísa Malato).

Ensaios Gerais e Interdisciplinares

Arqueologias Jurídicas. Ensaios Jurídico-Políticos e Jurídico-Humanísticos, Porto, Lello, 1996; *Peccata Iuris. Do Direito nos Livros ao Direito em Acção*, Lisboa, Edições Universitárias Lusófonas, 1996; *Faces da Justiça*, Coimbra, Almedina, 2002; *O Século de Antígona*, Coimbra, Almedina, 2003; *O Tímpano das Virtudes*, Coimbra, Almedina, 2004; *Lusofilias. Identidade Portuguesa e Relações Internacionais*, Porto, Caixotim, 2005 (menção honrosa 2006 da Sociedade Histórica da Independência de Portugal); *Escola a Arder. Combates e Diálogos*, Lisboa, O Espírito das Leis, 2005

Poesia e Ficção

Tratado das Coisas Não Fungíveis, Porto, Campo das Letras, 2000; *E Foram Muito Felizes*, Porto, Caixotim, 2002; *Escadas do Liceu*, São Paulo, CEMOROC, Universidade de São Paulo / Mandruvá, 2004; *Livro de Horas Vagas*, São Paulo, CEMOROC, Universidade de São Paulo / Mandruvá, 2005

Ao Doutor António de Almeida Santos, jurista finíssimo, legislador clarividente, fecundo e elegante cultor da Língua Portuguesa, cidadão empenhado, figura ímpar da universalidade lusófona, velho e bom Amigo.

Uma Constituição é um padrão, um pilar, uma garantia, quando compreendida, aprovada e amada. Mas sem esta compreensão e amor, é como se fosse um papagaio de papel, um balão, pairando no ar.

John Adams

Prefácio

Duas significativas mudanças ocorreram no constitucionalismo brasileiro ao transcurso das duas derradeiras décadas.

A primeira lhe imprimiu um sentido de renovação que perdura, com importantes conseqüências relativas à qualidade, seleção e amplitude de seus quadros constitutivos.

Desde muito grupos atuantes de jovens e notáveis cultores das letras constitucionais se empenham em alargar conhecimentos, aprofundá-los e sobretudo fazê-los úteis à concretização jurídica da Constituição. Esta cada vez mais se abraça a princípios cuja observância garante a estabilidade do edifício constitucional em termos de Estado de Direito, volvido para a liberdade, a justiça e a igualdade.

A segunda mudança, concomitante àquela, nos tirou das atenções dantes concentradas unicamente nos influxos da jurisprudência americana e nas lições clássicas da doutrina francesa, rumo a uma familiaridade mais estreita e íntima com o pensamento diversificado de outras fontes nas vizinhanças hispânicas do continente – o constitucionalismo dos nossos irmãos argentinos, peruanos, chilenos, uruguaios, costarriquenhos, etc., e também os da península ibérica, onde pontificam, em Portugal, Jorge Miranda e Gomes Canotilho, e na Espanha, entre outros, Pablo Lucas Verdú, Francisco Fernández Segado, Peces-Barba, Javier Perez Royo e Manuel Aragón Reyes.

A estes as letras portuguesas nos acrescentam agora outra figura de expressão e destaque: Paulo Ferreira da Cunha, Catedrático de Direito Constitucional da Universidade do Porto, autor de vários e importantes estudos, já com ampla divulgação e ressonância no meio jurídico do Brasil.

Sua reputação de constitucionalista de vanguarda não deriva apenas do valor de seus trabalhos, do lastro de erudição neles revelado, senão da força e do sopro de humanismo que lhe perpassa os escritos na linha invariável de um pensamento social de justiça e liberdade.

Deste ele não se arreda, desenvolvendo sempre uma crítica sutil, poderosamente demolidora de sofismas e argumentos frouxos e capciosos daqueles que perfilham no Direito o ideário da escola neoliberal.

Nisso Paulo Ferreira da Cunha assume o mesmo posto de combate da nova geração de constitucionalistas brasileiros e, por mais moderada que seja a esse respeito sua ação, já estabeleceu ele fortes laços de simpatia que o prendem, com certeza, àquela corrente de renovadores intrépidos, devotados a promover aqui a revolução constitucional da era principiológica.

Juristas como Juarez Freitas, Lenio Luiz Streck, Ingo Wolfgang Sarlet, Rui Espíndola, Luiz Roberto Barroso, Willis Santiago Guerra Filho, Daniel Sarmento, Clèmerson Clève, André Ramos Tavares, Gilberto Bercovici, Virgílio Afonso da Silva, e tantos outros de igual estatura, marcam com profundeza, em tempo de modernidade pós-positivista, essa época de fecundos estudos constitucionais; é a mais brilhante do Brasil desde Pimenta Bueno.

Duma parte, a corrente em tela ultrapassa o logicismo dedutivista da subsunção, bem como o rígido normativismo da teoria pura do Direito, de matriz kelseniana; doutra parte, rompe com o constitucionalismo programático da velha escola francesa, por deitar raízes constitucionais ao novo modelo científico em reflexões cujas pautas normativas não são diversas daquelas extraídas da juridicidade dos princípios que governam o sistema.

Com esse avanço o Direito Constitucional se enriqueceu, ao mesmo passo que se regista na dimensão pluralista e pragmática de incentivo às letras da Constituição, a aparição, em Fortaleza, da Revista Latino-Americana de Estudos Constitucionais, que veio a lume em 2003, por iniciativa nossa, para celebrar o centenário da Faculdade de Direito do Ceará, uma das mais antigas do Brasil. Rompemos com essa publicação, de cunho internacional, o cordão de insulamento que nos separava dos juristas da América Latina e, em certa maneira, também, dos de Portugal, Espanha e Itália.

Desde a fase republicana e federativa das nossas instituições, o constitucionalismo brasileiro de tradição monárquica, liberal e pós-revolucionária, de Cádiz e, a seguir, das Cortes de Lisboa, se sepultou nos arquivos políticos da História. Mas deu lugar, em seguida, ao advento e primazia da grande fonte continental do velho constitucionalismo latino-americano; aquele vazado na obra dos constituintes de Filadélfia. Aliás, há sido enorme o influxo que estes tiveram na formação doutrinária de Rui Barbosa, o grande preceptor das lições jurisprudenciais da Suprema Corte Americana, designadamente aquelas deixadas por Marshall, o criador e inspirador do controle difuso de constitucionalidade.

É portanto num momento de febril agitação por que passa no Brasil a grei renovadora da teoria do direito constitucional que vemos incorporar-se, como legionário da mesma causa – em nosso caso, a do Estado social – o Catedrático e Constitucionalista português Paulo Ferreira da Cunha.

Com esta causa sempre nos identificamos, pois militamos nas suas fileiras emancipadoras, arvorando o pavilhão de um constitucionalismo de luta e resistência, desde a defesa, por volta de meio século, da tese de cátedra "Do Estado Liberal ao Estado Social".

Agora, Paulo Ferreira da Cunha tem mais um livro seu impresso no Brasil. Isto sobejamente atesta quanto seu nome se vai tornando conhecido neste país, de tal sorte que compreende um círculo de leitores no campo jurídico cada vez mais dilatado.

Com efeito, a figura do publicista já se associou a uma obra reveladora de posições e idéias nas quais comungam desde muito contingentes numerosos do pensamento constitucional brasileiro.

Ao Professor Ferreira da Cunha, de conseguinte, nossas afetuosas saudações por esse livro, seleta de admiráveis e doutos artigos, em que o Autor versa temas fascinantes e os comenta com a gravidade de uma reflexão aguda e a delicadeza e elegância de uma pena leve.

Foi, por conseqüência, motivo de honra haver prefaciado essa obra e poder assim recomendá-la à leitura, análise, atenção e estudo dos que professam no Brasil a ciência dos direitos humanos, sem a qual não se formará nas gerações coevas a consciência da liberdade.

Em abril de 2007.

Paulo Bonavides

Sumário

Apresentação 17

1. Constituição, Estado e República 19
   1.1. Crise e reforma do Estado 19
   1.2. Estado e micropoderes 22
   1.3. Crise da democracia representativa? 26
   1.4. Em defesa do Parlamento 28
   1.5. Defesa da democracia e educação 30
   1.6. Democracia nas organizações 32
   1.7. Asfixia legal 35
   1.8. República: forma e projecto 37
   1.9. Ideia de República 40
      1.9.1. O que é a República? 40
         1.9.1.1. Coisa pública e liberdade 40
         1.9.1.2. Justiça e igualdade 40
         1.9.1.3. Abolição dos privilégios 40
         1.9.1.4. Rigor, imparcialidade, pluralismo 41
         1.9.1.5. Despojamento 41
         1.9.1.6. Transparência do Estado 41
      1.9.2. O que se opõe à República? 41
      1.9.3. Esperança republicana 42
   1.10. Ética republicana – A propósito da Constituição da República da Lísia . 42
      1.10.1. Ética republicana na Constituição Lísia 42
      1.10.2. Uma ética pública e normativa 43
      1.10.3. Valores e virtudes 45
   1.11. Programa constitucional 48
      1.11.1. Humanidade Una e Dual 48
      1.11.2. Economia social 48
      1.11.3. Educação renovadora 49
      1.11.4. Progresso e legado 49

1.11.5. Democracia 49
1.11.6. Identidade 50
1.12. Constituição, socialismo e justiça social 50
1.13. Liberalismo e segurança social 52
1.14. Solidariedade concreta 55
1.15. Constituições contemporâneas e valores 57
    1.15.1. Actualidade dos valores constitucionais 57
    1.15.2. Brasil, Croácia, União Europeia 58
    1.15.3. Valores constitucionais sintéticos ou sincréticos? 59
1.16. Tomar a sério o legado constitucional 61
1.17. Constituição Europeia: para uma nova síntese 64

2. Crise e Cidadania 69
2.1. Limites da cidadania: violência e crime 69
    2.1.1. A ordem reina em São Paulo 69
    2.1.2. Vêm aí os bárbaros? 71
2.2. Limites da cidadania: ineficiência e laxismo institucionais 73
2.3. Cidadania e civilidade 75
2.4. Cidadania(s), virtude(s) e utopia(s) 78
    2.4.1. Apagada e vil tristeza 78
    2.4.2. Da inveja como instituição 80
    2.4.3. Profissionalismo e trabalho em equipa 82
    2.4.4. Crise e virtudes 85
    2.4.5. A "utopia" de Grândola 87
    2.4.6. Universalismo português 89
    2.4.7. Universalismo lusófono e cidadania 91
    2.4.8. O paradigma "Direitos Humanos" 93
    2.4.8.1. Direitos Humanos: um suave milagre 93
    2.4.8.2. Direitos Humanos e proteção da pessoa. 94

3. Guerra e Identidade Cultural: Crise das Crises 97
3.1. Universalidade da guerra, direitos e cultura 97
3.2. Guerra ideológica 98
3.3. Guerra cultural 100
    3.3.1. Os significados 100
    3.3.2. Em demanda de um sentido 102
    3.3.3. Confusões de sentidos 103
3.4. Guerra cultural, guerra entre culturas 105
3.5. A nossa Europa e a guerra 108
3.6. As guerras culturais e o futuro 108

Bibliografia 111

Apresentação

Todos sabemos que se está em crise. A crise passou a fazer parte do quotidiano, e é bordão de linguagem para os que falam de nós, normalmente de forma psitacista, mesmo quando se pretendem críticos, inteligentes, cultos e argutos. De tanto se falar em crise política, do Direito e do Estado, passámos a habituar-nos; e não só a expressão como o conceito se banalizaram.

Mas não deixamos de reconhecer essa realidade, por detrás do estafado da sua invocação. Só que uma crise permanente, que vai durando há tanto tempo já, é algo que passa do circunstancial para o "constitucional" *hoc sensu*, que passa do curto prazo para o médio prazo. Quiçá até para esse nebuloso "longo prazo", no qual, como diz o símile Keynes, "estaremos [já] todos mortos".

A crise política e jurídica é geral. Nenhum País poderia vangloriar-se de não ter nada a ver com ela, embora naturalmente ela assuma, em cada um, a sua respectiva cor local. E o que é curioso, é que está feito universalmente o diagnóstico, e também, em grande medida, traçada a terapêutica. "Todas as palavras que poderiam salvar o mundo foram ditas, agora só resta salvar o mundo". Que contudo tarda muito a ser salvo.

Este livro não é um guia receituário para essa salvação, nem um muro de lamentações sobre a crise. Procura algumas relações da crise com o Direito Constitucional e a Cidadania, e procura entreabrir aqui e ali pequenas janelas. Assumindo a tese de que o Direito Constitucional, com as nossas Constituições modernas, progressivas, democráticas, e cidadãs, é uma receita institucional que temos à mão, plena de legalidade e de legitimidade, mas que por vezes anda esquecida. Afinal, a crise normalmente seria debelada se ousássemos aplicar mesmo as nossas Constituições, em vez de as deixarmos dormir, belamente encadernadas, o sono dos justos.

Como se o paciente moribundo tivesse junto de si, no seu leito (quase) de morte, o medicamento salvador, mas se tivesse olvidado dele, na litania das suas lamúrias, na angústia sonante de seus queixumes.

As questões são em geral universais, embora centradas, como habitualmente nos nossos livros desta área jusconstitucional, no eixo da cultura e da cultura jurídica Brasileira e Portuguesa. Este livro baseia-se em algumas partes do livro *Direito Constitucional Aplicado*, cujo editor português é a Quid Juris. Bem hajam ambos os editores, de um e outro lado do Atlântico, porque a dupla edição permite chegar a mais pessoas.

A maior parte dos capítulos das Partes I e II baseiam-se e desenvolvem sobretudo artigos nos nossos "M@ils do meu Moinho", em "Justiça & Cidadania" e em "Tribuna" – nossas mais recentes trincheiras de cidadania escrita e pensada. A Parte III baseia-se numa conferência proferida na Grécia, cuja primeira versão foi editada no volume de "Estudos em Homenagem ao Prof. Doutor André Gonçalves Pereira" editado pela Faculdade de Direito da Universidade de Lisboa. A todos os respectivos editores, o nosso muito reconhecido agradecimento.

O Autor

1. Constituição, Estado e República

1.1. CRISE E REFORMA DO ESTADO

A política deveria centrar-se no Cidadão. O Estado deveria estar ao serviço das Pessoas, e não o contrário. O historiador Jacob Burckardt chamou ao Estado *obra de arte*. Assim se tivesse mantido, com o necessário engenho, e não *Leviathã*, nome que lhe pôs o autoritário Tomás Hobbes: *Leviathã*, deus mortal, monstro bíblico...

O Estado, como é sabido (ou talvez não...), não existiu sempre. É apenas uma das formas políticas possíveis. Tem havido modelos mais elementares, como a horda, o clã, ou a tribo, e outros mais complexos, como a *polis*, o sistema feudal de suserania, a confederação, a federação, o império, etc. Como a História continua, poderemos ainda vir a inventar novas fórmulas. Como teria sido, por exemplo, a União Europeia com Constituição codificada, se a tivéssemos aprovado... E são possíveis ainda modelos mais imaginativos, como mostram as utopias.

É certo que o Estado foi muito eficaz na consolidação nacional, na expansão do capitalismo, na primeira grande globalização. A junção de colectivismo e Estado (e sem democracia a uni-los) deu frutos conhecidos, a não repetir.

O Estado está em crise há bastante tempo. E não se sabe se suportará melhor os males ou os remédios. Porém, ele também é nosso garante contra o caos e a anomia. E, quanto mais não fosse nesse sentido, deveríamos defendê-lo, e procurar melhorá-lo. Nas categorias de Bobbio, dir-se-á que é *mal* (ainda?) necessário.

Sucessivos tempos e poderes têm querido reformar o Estado. Mas ele comporta-se como um animal com vida própria e arranja normalmente forma de sobreviver e até de engordar ... mesmo quando o querem pôr a fazer regime. Talvez porque é sempre difícil às instituições (e o Estado é uma macro-instituição, uma instituição de instituições) auto-regenerar-se... Contudo, emagrecer o Estado até ao famelismo pode resultar em anorexia e morte. Tudo se quer no justo termo.

Há que não esmorecer pela *ordem* na Cidade, com *liberdade* para o Cidadão. Difícil binómio. Mas sem ordem e sem liberdade tudo está perdido: que o digam alguns países do Terceiro Mundo – onde a urgência é ainda consolidar o Estado.

Por cá, apesar de todos os esforços, o cidadão é ainda muito encarado como passivo, dócil, domesticado, pagador, contribuinte, e destinatário do Poder. Não seu obreiro, nele partícipe de pleno direito.

E quando se pensam medidas para aproximar o Estado do cidadão, a imagem que muitas vezes fica é a de um gigante soberano que se curva, num sorriso postiço, frente ao vassalo anão.

Mas não é só o burocrata *de turno* que olha de soslaio e de cima das suas tamanquinhas o paisano do outro lado do *guichet*... Por vezes, o próprio cidadão tem dificuldade em assumir-se como tal. Ora aceita a canga, se resigna ao jugo, como um fado, ora, no extremo contrário, reivindica por tudo e por nada, considerando-se sócio maioritário da empresa "Estado", para a qual tudo faz também para não realizar o respectivo capital, antes procurando viver do trabalho alheio.

É uma relação viciada. A expressão "honrado ou digno súbdito de Sua Majestade" seria, pelo contrário, sintoma de outro diálogo. Mas há quem diga que no Reino Unido não se construiu, verdadeiramente, um Estado... Contudo, em termos práticos, hoje não há exemplos assim tão luminosos a seguir. O tempo das sociedades exemplares com seus sequazes já passou.

Precisamos de mudar decididamente é essa relação. É urgente, antes de mais, uma profunda reforma de mentalidades, que nos permita a todos ser sujeitos activos, protagonistas da governação (que se faz a tantos níveis já: desde o local territorial, à escola; até, por vezes, a empresa), tomando nas nossas mãos os nossos destinos. O que não implica o individualismo feroz e a privatização em massa em prol de uns tantos, hoje já mais aptos a agir, mas um lento e profundo trabalho de alargamento da cidadania real: que passa por uma outra atitude do Estado, e, antes de tudo, por um profundo investimento na Educação, que deve preparar Mulheres e Homens livres, e não bons *robots*, acríticos, ou críticos só até ao ponto permitido pelas cartilhas críticas toleradas. Na verdade pluralmente conformistas.

Nenhuma comunidade política pode subsistir sem que a sociedade recubra o respeito por si mesma e a atenção vigilante pelos poderes instituídos, sem subserviência e com sentido crítico construtivo, única forma de à cidadania activa e responsável poder corresponder uma autoridade das instituições, não simplesmente fundada na coercibilidade, mas na legitimidade de exercício do poder. Por isso, são preocupantes alguns sinais de debilidade dos poderes públicos e de crescente incumprimento do Direito, como sucede em países muito diferentes, em diversos continentes.

E longe de pensar que a solução se encontra em medidas autoritárias e voluntaristas, cremos urgente reforçar a confiança dos cidadãos nas instituições: pela eticização da política geral, pela acção justa e oportuna dos tribunais, pela intervenção protectora da polícia, pela desburocratização da administração pública, pela facilitação da vida a quem pretende trabalhar honestamente, ou empreender para o benefício social.

Reforma dos sistemas políticos pela sua abertura, pela sua permeabilização aos temas e aos especialistas da sociedade civil, pela desburocratização, a descentralização e até, quando pertinente, a federalização e a regionalização, o aprofundamento da responsabilidade dos titulares dos cargos políticos e a limitação da duração de todos os mandatos, uma vigilância sem tréguas à corrupção, etc. são rumos desejáveis, e possíveis. Mas não tenhamos ilusões quanto a medidas já muito apregoadas. Exige-se mais imaginação. E mais concretização do que é consabido, mas não praticado.

Não por acaso, nas últimas eleições autárquicas, em Portugal, foram sem dúvida os partidos que representaram a credibilidade do regime. Afinal, os independentes podem não ser o mito que deles por vezes se faz. As panaceias são sempre panaceias... Não há salvadores em democracia: nem pessoas, nem medidas desgarradas.

A política deve responder muito mais directamente aos problemas reais das Pessoas, mas a acção não se justifica a si própria, antes se baseia em ideias e ideais. E quando se proclama, quer de forma intelectual quer agressiva, o fim da política, ou o mal da política, e o fim das ideologias – maus ventos sopram para a democracia. Além de tal vaticínio ser uma péssima análise.

O Direito, por seu turno, e muito em particular o Direito Constitucional, dificilmente contém em si (só por si) os vectores de dinamismo suficientes para as grandes mudanças. O mais normal é as grandes reformas ficarem no papel, como essa *letra morta* que só pode mesmo *matar*. A falta de força normativa de um preceito constitucional *inefectivo* (como diria Carbonnier) põe em perigo o todo da Constituição. Mesmo soluções interpretativas temerárias (e a que não deveríamos ter pejo de considerar, apesar de todo o "pluralismo", "erradas"), fazem perigar a dignidade da reputação constitucional.

Não há muito, fomos um dos promotores de uma iniciativa inédita em Portugal: um movimento para dar a conhecer a Constituição, que consistiu em convidar cidadãos, do político ao homem da rua, a transcreverem artigos da Constituição. A adesão foi muito animada. Mas alguns dos participantes, que visivelmente nunca tinham lido o texto constitucional, maravilharam-se e escandalizaram-se como era possível terem no papel tantos direitos, de que efectivamente se viam privados na prática... E a ideia de que a Constituição é uma cornucópia de promessas não cumpridas (errada interpretação, apesar de tudo) pode pôr em perigo a sua sacralidade de *Bíblia da República*.

A solução das angústias jurídico-políticas do presente pode implicar, naturalmente implicará, reformas, nova legislação, que são de saudar. Mas ela será ineficaz se não repensarmos nós mesmos a nossa convivência colectiva.

Acabo por gostar dessa expressão tão pouco rigorosa que é – "O Estado somos nós todos".

1.2. ESTADO E MICROPODERES

Ter voz é próprio do poder. Porém, o abafado grito que desejaria comunicar, mas não podemos fidedignamente traduzir, é dor de quem o não tem. Os sem-poder não falam. E novas, astuciosas, formas de poder precisam de ser verbalizadas e pensadas.

Há quem se alimente de poder, e necessite dele com sede vampiresca – tornando-o assim sua seiva vital; mas há quem se contente com viver a sua vida, plantar o seu jardim. Luís de Góngora dizia: "Tratem outros do governo, do mundo e suas monarquias". E Frei Luís de León tem aquele hino bucólico à "descansada vida do que foge do ruído mundanal": uma litania que nos embala na beatitude.

Precisamente a cidadania e a democracia participativa são formas de cada um assumir a quota-parte de poder que lhe deve pertencer. Sempre nos impressionou Rousseau advogando uma sociedade em que ninguém seria suficientemente rico para comprar alguém, ou tão pobre que tivesse que vender-se. Pois bem: idêntica máxima também se deve aplicar ao poder – ninguém deveria ter tanto que pudesse dele abusar, nem tão pouco que de si pudessem abusar. Pois, como diz a célebre frase, atribuída já a tantos que se perdeu o seu legítimo autor: "Todo o poder corrompe, e o poder absoluto corrompe absolutamente". Temos de ir mais longe.

Há matérias em que não há um modelo, em que falar não é o normal, em que, pelo contrário, tudo parece ir ao arrepio da razão que conduz a mão que comanda a voz ou a caneta. É o sem-razão que impera. São o mito e a magia, no que de mais profundo, inconsciente, indizível possuem, quem rege este domínio de coisas *escondidas* (dizia René Girard) e de coisas *silenciadas*.

Mas tentemos entrar (ou sair) da caverna. Nós, que julgamos estar em democracias modernas, ocidentais, com pretensões de cabeça desnublada e de alma limpa.

Ao nosso lado, nos interstícios da nossa sociedade, há medo. Não é tanto um medo até de pais ante os filhos, ou entre colegas e vizinhos, que corrompeu a nossa convivência e dobrou a nossa coluna vertebral sob a nuvem negra da Inquisição, e dessas novas inquisições que foram as polícias políticas. Este medo é novo, embora o medo seja sempre o mesmo.

Dir-se-á que a Constituição e o Estado, por ela regido, nos protegem, e que tais medos, a existirem, são puerilidades, medos infantis de papões que não existem. Oxalá...

Não lembramos que autor francês afirmou que a maior subtileza do diabo é fazer crer que não existe. Papini cita-o no seu *O Diabo. Tudo está bem, não podia estar melhor.* Ou então: *A democracia funciona...* – *slogans* tranquilizantes que nos fazem dormir descansados, ante o medo dos outros. Ante quiçá os nossos próprios medos sufocados.

E quanto à acção protectora dos poderes... O poder normal, o poder institucional não chega aos micropoderes. E há medos.

Há medo, antes de mais, do homem para consigo mesmo. Medo quando se vê ao espelho. Medo que faz até cada um não se ver sequer ao espelho. Pouco temos evoluído neste ponto – pelo contrário, não existindo um sistema de formação integral, em certo sentido temos regredido. A "maioridade" Kantiana de 1789 em alguns pontos regrediu.

Há medo decorrente da violência doméstica, que é multilateral, podendo exercer-se de qualquer um sobre qualquer um. A partir do momento que este escândalo passou a ser sabido, parece que nos afeiçoamos a ele, e a sua banalidade – escândalo! – tornou-o socialmente menos escandaloso. O hábito banaliza. Mesmo o escândalo.

Há medo no tratamento degradante, explorador, dos imigrantes. Desse se fala pouco, apesar de se falar já. E quando se fala atira-se para o racismo e a xenofobia, que não são o problema de fundo. Mas à força de tanto nos quererem fazer, de forma postiça e mediática, "ocidentais" modernos, racistas e xenófobos, ainda acabaremos por aprender – oxalá não. A língua portuguesa não é racista!

Há medo no regresso do autoritarismo e do despotismo nas relações mais ou menos especiais de poder. E esse não é, ao contrário dos outros, um fenómeno mais "privado", embora todos sejam públicos. Há medo, porque a democracia não consegue vigiar a ascensão dos *ditadorzinhos* (e "-zões") que, até serem descobertos, eventualmente processados, exautorados, demitidos, presos, os vai deixando fazer as suas vítimas, descredibilizando o próprio sistema – que não tem nada a ver com eles, muito pelo contrário.

Sempre haverá o mal-encarado funcionário do *guichet* (ainda que venha a ser substituído por mesa entre cadeiras, ou sofás). Procurando fazer do grão de poder que detém o cabo das tormentas que se não passa sem corrupção, ainda que essa corrupção seja apenas o sorriso, a simpatia, a subserviência, o elogio.

Sempre haverá também o funcionário ou o político colocados em posição de extorquir dinheiro ou favores, fazendo-o em grande estadão, e tornando o que é erro e crime quase em instituição. O alemão Baring, convocado a entrar na rede criminosa do Caso Alves dos Reis, teria mostrado, à partida, real ou fingida reticência. Mas tê-la-ia vencido quando, muito placidamente, lhe foi explicado que as "luvas" eram uma corrente e aceite instituição nacional…

Sempre haverá familiares violentos, chefes autoritários, arrivistas ambiciosos e grupos organizados, visíveis, translúcidos, ou opacos, com desígnios insondáveis.

Devemos vergar-nos à ideia de uma pérfida natureza humana, e, no máximo, procurarmos evitar estar no local errado à hora errada? Cremos que não.

Cremos que é pedir pouco do Homem que se vista de civilização com um fundo de barbárie. Cremos que a democracia não pode conviver tranquilamente com a existência de cidadãos malformados, de famílias em que a violência é regra, de empresas e de repartições em que a ditadura e a arbitrariedade reinam, com vastos canais de corrupção, com o progredir sem peias de oportunistas sem escrúpulos, jogando em sedução, carisma, ou troca de favores grupais. E obviamente o Estado não pode prescindir do poder, abdicando de entrar em favelas ou bairros, sabe-se lá se em escolas, onde já banalmente se agridem os professores sem medo de qualquer punição.

Se nos disserem que os meios que normalmente os poderes empregam contra estas bolsas de marginalidade instituída e de medo sofrido e calado têm sido normalmente ineficazes, e que os Estados lidam mal com as realidades que voluntariamente lhes viram as costas, estaremos de acordo. A não-contenção é o grande polícia.

As nossas ordens jurídico-institucionais partem, na verdade, de um postulado de civilização, que é o reconhecimento costumeiro de que a lei e os seus agentes são direito e que o direito, mesmo injusto, só em casos muito excepcionais não será para cumprir. Não se fundam verdadeiramente na coacção actual, ou seja, na força. A própria coercibilidade (susceptibilidade de recurso à força, em caso de violação) têm-na apenas como forma instrumental, e não razão principal do cumprimento. E é verdade que, em geral, o sistema funciona bem. O crime e a ilegalidade em geral são – lembremo-nos disso – casos raros. Contudo, o problema é que hoje há quem se coloque na marginalidade sem dor na consciência. Como se o outro lado do risco da Lei fosse apenas um outro estilo de vida.

E também há quem, incorrendo substancialmente na ilegalidade, de forma sabiamente hipócrita se apresente como defensor da *Lei e da Ordem* – fazendo-nos crer que bandido é só *quem rouba na serra*.

O Estado democrático de direito e todas as pessoas pensantes socialmente activas não podem ater-se aos lugares comuns que faziam funcionar a sociedade de ontem com marginalidade meramente residual. Impõe-se mais atenção para detectar as situações de afronta aos direitos humanos (digamos assim, de forma mais sintética – porque, afinal, todos os escândalos em causa aí acabam por ir parar). E mais imaginação para combater esses cancros espalhados no corpo e na alma das nossas sociedades democráticas.

1.3. CRISE DA DEMOCRACIA REPRESENTATIVA?

Trinta anos passados sobre a aprovação da Constituição portuguesa, uma das mais democráticas e progressivas do Mundo (pesem *modismos* iniciais, já eliminados), parece começar a colocar-se em causa o regime. Mais ou menos subtilmente, há quem procure denegrir as instituições democráticas. A calúnia à democracia segue o lema de Dom Bazilio: começa com pés de lã e pode terminar aos tiros de canhão.

Os órgãos colegiais, parlamentares e afins, são os principais visados, porque a colegialidade é grande escola e sensitiva da democracia. Pela necessidade, que implica, de decidir em conjunto, de negociar, de procurar consensos e de, não os havendo, votar, ganhando quem colher mais sufrágios, e acatando os demais tal solução. Ainda é algo que custa a aceitar a alguns.

A voz que se vai fazendo corrente é a de que esses órgãos colectivos são compostos por representantes incompetentes, ineficazes, que se "encheriam à nossa custa", nadando em mordomias, incapazes de resolver os problemas.

A vários níveis nos percorre já esse discurso. Sentimo-lo tanto nas Universidades como quando viajamos de táxi. Sentimo-lo na Polónia, onde, a pretexto de alegada falta de qualidade das leis, alguns querem rever a Constituição para aprofundar os poderes do Presidente e rebaixar o Parlamento. Sentimo-lo na Itália, onde se disse abertamente que uma nova vitória de Berlusconi (que não ocorreu!) deveria levar a uma revisão constitucional que o viesse a tornar no primeiro Presidente presidencialista de uma dinastia deles.

Não tarda, teremos por aí uma onda de hostilização da I República (com óbvia excepção do Sidonismo), com as devidas "morais da história"...

Perto da Páscoa de 2006, muitos deputados faltaram para, *segundo algumas notícias*, anteciparem as férias... Independentemente das motivações concretas e diversificadas de cada um, são indiscutivelmente eventos destes que dão argumentos aos adversários da democracia representativa. Embora os nossos deputados sejam, em geral – não é habitual ouvir-se isto, e vai irritar alguns ouvidos – esforçados trabalhadores, que fazem muito mais do que posar para as câmaras, sentados no hemiciclo, como nos habituámos a vê-los. O "canal Parlamento" deveria talvez procurar mostrar *ainda mais* da actividade por vezes frenética dos deputados, para além dos "banhos de assento" do Plenário.

Preocupa-nos mais outra coisa: quantos e quais deputados passariam no exame de História a que voluntariamente se submeteram os parlamentares aqui há anos? Não por razões de erudição, mas porque os tempos que aí vêm necessitam de muita interpretação do futuro, com o instrumento do *passado*. Para própria sobrevivência da dignidade da instituição parlamentar, é necessário que conheçam a História mais que os seus antecessores, para prevenirem catástrofes.

Os deputados têm de fazer uma enorme operação mediática de *marketing* continuado que os mostre *como são, o que fazem, o que sentem, o que sofrem*, que radicalmente separe o trigo do joio, e explique que na cesta pode haver maçãs podres de que as outras se devem procurar livrar. Têm que se mostrar *tal qual são*, e como são indispensáveis na nossa sociedade. Não precisam de fingir nem de empolar.

Mas é evidente que, entretanto, a nossa democracia tem de dar um passo em frente na renovação da classe política, pela qualidade. Tal, porém, está a revelar-se complicado e tarda, decerto porque muitos dos competentes quiçá não conseguirão empreender as reformas que se imporiam. A reforma do Parlamento passa, a montante, pela dos Partidos – e esses, em geral, são de difícil regeneração, que não vem por decreto. Entretanto, paga o justo pelo pecador.

Os partidos (que também começam a ter má fama, mas que são indispensáveis numa democracia) têm de pensar muito bem em quem escolhem para propor a sufrágio. E os eleitos têm de reflectir sobre que imagem querem dar ao País. É a Democracia que está em questão.

A tentação de dispensar o Parlamento é sempre grande, e maior em tempos de crise. Começa-se por querer limitar o número dos deputados, o que é fatal para as minorias. Depois, vem a tentação de dispensar qualquer discussão, conselho ou assembleia, a qualquer nível. A tendência para mandar, e alargar o poder até ao sem-limite, é normal na lógica voraz de qualquer poder. Apenas a razão manda que se limite, que se reparta o poder. Mas a razão tem de se justificar e tem de convencer.

A democracia representativa não é um sistema natural de convivência, embora seja o melhor. Tem de ser todos os dias cultivada. Se não a regamos diariamente com a nossa cidadania responsável, poderá ter de ser reanimada mais tarde. A sangue, suor e lágrimas.

1.4. EM DEFESA DO PARLAMENTO

Defesa do Parlamento? *Nunca pior empreitada...*
Não iremos, obviamente, defender os deputados de um partido; tampouco os deputados todos, indiscriminadamente. Nem analisar o volume do seu trabalho: não é relevante se aprovaram muitas ou poucas leis, se passaram muitas ou poucas horas debaixo do tecto do Palácio de São Bento: porque o trabalho deles (como o de outros cargos e profissões de alta responsabilidade) não se mede aos palmos, e não é melhor quem se agita muito, intriga muito, nem mesmo quem "produz" em muita quantidade. Em coisas da Cultura, como o Direito ou a Política, vale a qualidade das coisas. Infelizmente, vivemos imersos numa incultura produtivista, que avalia a peso, a metro, a quilo... e sobretudo pela fama, pela visibilidade, pela propaganda.

Vimos defender o Parlamento porque o vemos excessivamente indefeso perante tantos e tão subtis críticos. E embora ele não precise de nós, obscuro defensor, nós todos e a nossa Democracia precisamos dele.

Acreditamos, como Álvaro de Campos, que um Parlamento é *tão belo como uma borboleta* – não nos cansaremos de o citar! É o espelho vivo da nossa diversidade multicolorida de ideias e projectos, e sua caixa de ressonância. Bem se lhe chama *Casa da Democracia*. Quando ele está em maré de baixa, é a própria Democracia que o está. O Parlamento é o bastião da nossa Liberdade. E seu barómetro.

Já é quase um ritual ouvirmos os barbeiros ou cabeleireiros e taxistas – novo coro da tragédia – dizerem mal dos políticos e dos governos. Mas o bombo da festa são os deputados.

Há empregos públicos (não falemos nos privados, e muito menos no que não são sequer empregos, mas sinecuras) mais chorudos, com vencimentos e outras regalias mais abonadas, profissões de desgaste muito menos rápido, e de risco bem menor, ocupadas por quem se não submeteu a sufrágio, e que não tem de simultaneamente concitar o favor de eleitorados, colegas e estados-maiores de partido, e não se vislumbra que realmente responda perante ninguém. Mas esses servidores do Estado, que – deve dizer-se, para que se não caia em nova demagogia – muitas vezes são muito úteis e necessários, como não estão sob os holofotes da *opinião*, protegem-se com o escudo da invisibilidade e da competência técnica: real ou presumida. As tecnocracias têm, em todos os países, mandado e usufruído bem mais que os Parlamentos: mas o bode expiatório é quem fala, quem se expõe.

Os deputados simbolizam, aos olhos dessa *meia-sabedoria* popularizada, o verbalismo, a truculência, e, no limite, a ociosidade e o privilégio.

O *marketing* devia tomar em mãos esta classe tão maltratada. Num tempo de paranóia voluntarista, frenesim de realizações e glorificação acrítica do sucesso, os deputados e o Parlamento apresentam-se, aos olhos de muitos, como nada fazendo, para nada servindo.

Pode questionar-se se este ou aquele deputado é preparado ou diligente. Mas esquece-se que, para além disso, em geral, a vida de deputado é dura. Mais ainda se é de fora da capital, sempre com a casa às costas. Tentando conciliar a representação nacional, que lhe incumbe constitucionalmente, com a do local que o elegeu, e tendo ainda de agradar ao partido que o indicou – é obra! São demasiados "amores" e excessivos "senhores", que só se articulam com muita reflexão, diálogo e… ubiquidade. Conhecer a realidade, estudar complexos *dossiers*, participar em exigentes comissões, preparar intervenções, e ainda cultivar a visibilidade eleitoral e uma vida partidária que, por si só, é insaciável devoradora de tempo e de vida: tal a sina dos deputados.

Sabemos que há seres irrequietos que adoram confusão, adrenalina e correria, intriga e contactos: mas esses são, precisamente, os que carecem de calma, discernimento, e prudência para serem legisladores e fiscalizadores dos governos. Portanto, tendo características que lhes permitem fazer coisas superficialmente importantes na vida parlamentar, carecem, por isso mesmo, das qualidades de fundo, essas que permitiriam termos boa legislação e boa fiscalização política.

Mas não há tipos puros. Felizmente, há génios ponderados e até sábios também capazes de alguma movimentação, e, quando preciso, também sabem ser aguerridos. E sobretudo com o bom conselho e orientação destes, e sobretudo com a experiência do decorrer dos tempos, não é impossível que os *fazedores* ganhem alguma ponderação. Se forem inteligentes e sobretudo humildes, aprenderão com os erros. O que não pode é o sapateiro pretender ir além da fivela.

Em geral, os nossos parlamentares merecem o nosso respeito. Levantar contra eles a primeira pedra é fácil demais. Reconhecemos que há, por vezes, peripécias menos louváveis: Quem não se escandalizou com a falta de saber histórico denotada por muitos parlamentares, aqui há uns anos? Ou quando há insultos nos parlamentos? Mas, felizmente, são casos isolados.

Apesar dos erros pontuais, os Parlamentos são, comprovadamente, das instituições mais avançadas de uma democracia.

Tal foi reconhecido mesmo por adversários do parlamentarismo, e em tempos de alta presidencialista. Citemos em nosso abono apenas o clássico Loureiro Júnior, insuspeito autor de *Parlamentarismo e Presidencialismo*, sintomaticamente dedicado ao presidente Juscelino Kubitschek. Ao avaliar ambos os regimes, afirma o professor da Universidade de São Paulo que o parlamentar "exige, para a sua prática, adiantado estágio cultural do povo e a existência de partidos ideologicamente definidos" (...) sendo assim "o mais adequado regime para a realização da verdadeira democracia, em que o povo influi, de facto, sobre seus representantes e estes, em seu nome, orientam, dirigem e controlam todas as actividades do Governo".

Queremos, pois, aperfeiçoar o nosso Parlamento, com o fim de ele ser *Casa da Democracia*, arco-íris das nossas liberdades, aprofundando, com mais ética e mais educação, a nossa República? Ou preferimos o salva-vidas dos povos culturalmente subdesenvolvidos, que é a calúnia contra os seus representantes, preparando a exaltação da simples força de um *chefe*?

Os olhos de presidencialistas de todos os matizes (preocupam-nos os que desejem novo presidente todo-poderoso, quiçá nem sequer eleito) estão postos nos deputados. Ainda iremos a tempo de, com actos e não só com discursos, contrariar os que gostariam de mandá-los definitivamente de férias.

1.5. DEFESA DA DEMOCRACIA E EDUCAÇÃO

"Quem seus inimigos poupa, às suas mãos morre". Terrível máxima. *Infelizmente* muito verdadeira.

Será que a democracia tem inimigos? Será que deveria liquidar os seus inimigos, antes de ser ela mesma exterminada?

Uma clássica resposta, mas totalitária, é a de Lenine: "Nenhuma liberdade para os inimigos da liberdade". Rosa Luxemburgo replicou: "A liberdade é sempre a liberdade de quem pensa de maneira diferente" (citamos ambos de cor). Mas Lenine triunfou e Rosa pereceu.

Deverá então a democracia cruzar os braços face às agressões e sedições dos que a querem perder? A democracia não se identifica, obviamente, com todos os que se dizem democratas. Sendo um ideal, a democracia tem inimigos-ideias. Deve garantir a todos a liberdade, mas tem de combater os seus inimigos ideológicos: não só ditaduras de figurino, como ainda algumas mais subtis amarras que prendem as consciências e enleiam os espíritos.

Ingénua e enredada nas suas estafadas guerrilhas internas, a nossa democracia ainda não entendeu. Não estivéssemos cobertos pelo seguro de vida democrático da União Europeia, já teríamos sido vítimas da nossa imprudência colectiva. A ditadura, e o obscurantismo que com ela sempre vem (com sorriso de veludo ou mão de ferro), espreita sempre à esquina do descuido democrático.

Professa-se a demissão completa do Estado enquanto educador político (formação para a Cidadania e Direitos Humanos é quase nula). Confundindo-se uma opção de silêncio suicida com a saudável preocupação de não doutrinar.

Compreende-se que é o espectro ditatorial e totalitário que dá receios destes. Mas um tal *laissez faire* tem tido o catastrófico resultado de os valores democráticos estarem ao Deus-dará da sorte, para mais caluniados pelas desventuras que a "República real" sempre causa à *República dos sonhos*.

É óbvio que a democracia real tem sempre dificuldades: desde logo, percorre inevitavelmente o caminho mais longo e difícil. Onde o ditador dá uma ordem, prontamente obedecida por sequazes acríticos e temida por multidões sufocadas, a democracia tem de empreender um desgastante trabalho de estudo, avaliação dos problemas, consulta dos interessados, discussão pública, convocação de peritos, elaboração das propostas, etc.: procedimentos legislativo ou administrativo, devido processo legal (*due process of law*), que configura – além de outras – uma legitimação pelo procedimento (*Legitimation dürch Verfaheren*). O caminho da vontade do ditador, muitas vezes caprichosa, desde que nasceu no seu coração até à prática, é curto, e as possibilidades de refrangência escassas, pelo temor da punição sem freio. O caminho das decisões democráticas é, pelo contrário, complexo, e sempre sujeito às subtis deformações dos diversos intervenientes, que não temem normalmente um Estado em que, se as garantias protegem até criminosos, como não hão-de acautelar honestos cidadãos e mesmo, de entre eles, alguns servidores públicos?

E o saudável pluralismo tem o seu preço. Em sociedades sem comunidade de convicções (cada um pensa como mais julga convir à sua índole ou utilidade), a Lei parece votada a ser expressão da pura vontade do mais forte – pelos votos, pelo dinheiro, ou pela convicção, ditada pelo temor reverencial face a quem manda *de facto*, pela força, preconceito, ou sedução.

O Estado tem de defender os cidadãos contra a ignorância e a colonização de ideias atiçadas por grupos activistas – arautos miúdos do politicamente correcto, ou grandes máquinas de poder e *marketing*, que inventam o que for preciso, mesmo ideologia. A única forma de o fazer é uma alteração na própria concepção do Estado. É o assumir-se ele como *Estado de Educação para os Direitos Humanos*. Impossível a sobrevivência do Estado democrático sem tal dimensão formativa.

De todas as vozes, a voz da democracia, da liberdade, da autonomia, parece ser a que mais receia exprimir-se. Liberdade para quem pensa de forma diferente? Sem dúvida. Mas os amigos da liberdade têm direito e obrigação de promover *Educação de Liberdade*.

Levemos a sério a Educação. Não bastaria uma única disciplina escolar, votada a tão decorativa e maltratada sorte como a clássica "Moral". Toda a educação, formal e informal, toda a sociedade, deve prosseguir esse fim.

Quando perderão os democratas os seus complexos e entenderão que, quando há ditadura, é esta, pela sua própria existência, a ensinar (dolorosamente e por contraste) o valor da liberdade; mas quando se vive em democracia, é preciso recordar e formar?

Para que não ocorra como com a saúde, que tantos só estimam quando perdem.

1.6. DEMOCRACIA NAS ORGANIZAÇÕES

Em todas as empresas se sabe que a motivação dos trabalhadores é essencial para os seus bons resultados. Para o seu bom "desempenho", para a obtenção de "excelência", como diz a linguagem técnica.

O chamado "efeito Mayo" é clássica prova disso. Mesmo quando os experimentadores mudavam as condições de trabalho do grupo em estudo claramente para pior, a satisfação no trabalho não diminuía. E a produtividade mantinha-se. Porquê? O simples facto de os trabalhadores se sentirem lisonjeados pela atenção que lhes era prestada pela equipa de sociólogos que os inquiria e observava funcionava como recompensa. A atenção cria o estímulo. O estímulo cria a produtividade.

A experiência está feita. Mas mesmo intuitivamente lá chegaríamos: os trabalhadores querem ter boas condições objectivas de trabalho, como é óbvio, natural, e justo. Mas uma das condições essenciais, para além de salários e regalias sociais adequados, salubridade, segurança, tempos humanizados, instrumentos adequados, etc., é o reconhecimento prático, quotidiano, diuturno, da honra, da dignidade de cada um. Precisam de experimentar o sentimento de que são apreciados, valorizados e tratados com justiça.

Uma boa liderança, uma liderança justa, equitativa e com a flexibilidade necessária são factores essenciais. E mais: uma liderança em que o trabalhador reconheça competência, saber e inteligência. Jamais haverá trabalhadores satisfeitos se a pirâmide de comando não for realmente reconhecida, legitimada pelo valor de quem manda.

Estamos absolutamente persuadidos de que uma das maiores causas de absentismo e mesmo de autêntica doença profissional é o desprezo a que certos trabalhadores são votados, a perseguição que lhes é por vezes movida por colegas e superiores hierárquicos, e a escassa consideração social das suas funções. E ainda o não reconhecimento, pela sua parte, de qualidades na liderança naqueles de quem, assim, são objectos e vítimas.

O filme *O Diabo veste Prada* não nos disse pessoalmente nada em quase nada. Sofremos – devemos confessá-lo – para o ver até ao fim. Mas numa coisa teve imenso interesse: pela figura de Miranda Pristley, a editora de uma grande revista de moda (já era a Cruela Devil do filme dos dálmatas) e a sua relação com as suas secretárias e *tutti quanti*.

Trata-se de um desses dragões obcecados pelo trabalho (sobretudo o dos seus empregados, que comanda com mão de ferro e manipula como títeres). Obviamente com problemas emocionais e familiares, e uma pedra no lugar do coração. A forma pedante, brutal a pretender-se *chic*, tirânica, arbitrária, com que trata e (des)considera as pessoas – a quem, na verdade, recusa esse estatuto – é eloquente. É eloquente de um tipo de pessoas que ainda existe neste mundo. E que são, curiosamente, não só invejadas como sinceramente admiradas!

Paradoxalmente, demasiadas pessoas deste tipo pontificam e comandam, mesmo num mundo democrático ao nível das superestruturas, mas que ameaça tornar-se cada vez mais despótico ao nível das infraestruturas sociais. Porque a lógica do lucro, de uma feroz luta pela sobrevivência em competição no mercado globalizado entroniza os activistas e os insensíveis que se apresentem como competentes, e reduz a cinzas os que ponderam, pensam mais longe e tratam dignamente os outros, desde logo os trabalhadores.

Temos de ter cuidado, colectivamente, com as pessoas e os valores que celebramos. A febre da eficácia e da competência podem ser vitais num primeiro choque contra o laxismo. Mas não serão os buldozers do voluntarismo que pensarão o mundo futuro e o dotarão de humanidade. A sua "competência" é superficial. O seu *marketing* pessoal é que é eficaz: jogando contra a modéstia e o pudor de quem tem qualidade.

O risco de uma tirania subtil dos capatazes é efectivo. E quando, como Miranda, reclamarem o impossível de um funcionário, como (no caso) o original manuscrito do novo romance inédito de Harry Potter, que fazer? Com o mercado a funcionar, haveria que fazer engolir essa ordem à tirana e bater-lhe com a porta na cara. Mas, e se o mercado só tem Cruelas à solta? Aí, o Estado tem que intervir, promovendo a democracia empresarial e das organizações em geral (devendo começar pela Administração Pública, que jamais pode ter bolsas de tirania no seu seio). Em muitos casos, trata-se de apenas aplicar a Lei. Um sinal certo deste despotismo é a valorização da mera gestão contra a Justiça, e o desprezo pelo Direito. Capa de eficiência e de ciência que encobre ideologia, e ideologia muito concreta. Mas, como sempre, apenas quem tiver olhos, poderá ver...

A dignidade dos trabalhadores – todos – é também a dignidade de uma comunidade. E a macropolítica não encontrará jamais cidadãos se, nos seus locais de trabalho, só tiver servos.

1.7. ASFIXIA LEGAL

É comum (e sabido) que o poder corrompa, e o poder absoluto corrompa absolutamente.

Mesmo em democracia, e muito especialmente ao nível desses poderes que não dependem de eleições gerais e de controlo diuturno por assembleias representativas, há um tique de primeiro nível de corrupção: a crença na importância pessoal.

Quando um burocrata é promovido a chefe, ou um empregado passa a gerente, logo começa o vírus a tentá-lo, fado demoníaco do poder. E a tentação é a da importância. O designado, mesmo o eleito, passa a olhar-se ao espelho com outra pose. E é natural que venha a mirar-se mais vezes por dia.

O segundo degrau da perversão surge quando, já muito cheio da sua importância, o detentor do poder se convence da omnipotência dos instrumentos normativos que maneja. Narciso passa a aprendiz de feiticeiro.

Se é governante ou legislador, acredita piamente que o decreto e a lei mudam, por magia, a face do mundo. Na Administração Pública e afins, crê inabalavelmente no estatuto, no regulamento, na ordem de serviço. Num caso como no outro, todos acreditam muito que as suas ordens são *abracadabras* que por si mesmas criam e fazem desvanecer realidades. Acham que devem ser obedecidos. Mas não pelo valor intrínseco, justeza e justiça dos seus comandos: julgam que tal é um dever particular dos demais para consigo. E levam a peito a desobediência como afronta que pessoalmente se lhes fizesse. O Velho Imperador do Japão – di-lo o enciclopédico Montesquieu no *Espírito das Leis* – punia quase todos os delitos (grandes e pequenos) com a pena de morte. Porquê tamanha severidade? Porque toda a infracção era desobediência às ordens do soberano, e assim constituía crime de lesa majestade, só susceptível de punição com a pena capital. Há imperadores por aí à solta...

Mas a maior ilusão do detentor do poder é cuidar que a lei de Murphy (em síntese: *o que pode correr mal, corre mesmo mal*) se não aplica às suas belíssimas construções mentais feitas ordens ou normas. É próprio da natureza humana errar, enganar-se. Muitas das determinações dos muitos poderes são propositadamente boicotadas. Outras, atingidas pela incúria e incompetência, de um lado. Outras ainda pela distância que sempre vai da *República dos sonhos* à

República real (Álvaro Ribeiro). Sempre mais ou menos se frustra a perfeição da utopia. E há utopia nas determinações dos poderosos: desde o patrão que sonha com lucros impossíveis, ao burocrata que obriga os subordinados a ter o "serviço em dia".

Reflexões anarquizantes, estas? De modo algum. Do que se trata é de avaliar o poder das leis, e dessas "leis vivas" que são os governantes (como dizia Frei Amador Arrais). É necessário, pois, ter consciência dos limites do poder, do poder do Estado, dos limites da lei e dos actos administrativos, e dos limites da "interpretação" de quem usa instrumentos jurídicos, exercitando poder.

Para os especialistas é óbvio. Mas, como dizia o renomado juiz do Supremo Tribunal dos EUA, Oliver W. Holmes, são as coisas óbvias as que necessitam de maior esclarecimento, aquelas em que precisamos mais de ser instruídos.

É óbvio para muitos que o estado de ruptura foi de há muito alcançado pela motorização, inflação legislativa. Já Goethe dizia que se nos ocupássemos a conhecer todas as leis, nem sequer teríamos tempo para as violar. E Michel Bastide pôs em causa a presunção legal de omnisciência da lei.

Para o sistema actuar, para eficazmente funcionar, e sobretudo para poder legitimamente punir os prevaricadores, tem de pressupor que qualquer pessoa, todas as pessoas, conhecem todas as normas com as quais a sua vida, em toda a sua extensão, se vai cruzando. São, para alguns, sem dúvida centenas, se não mesmo milhares de normas. O honesto cidadão (leal súbdito de Sua Majestade), a Lei pisa sem o saber quase todos os dias, a relva proibida. Mas realmente essa relva verde e apetecível não tem cartaz proibitivo que se veja.

O cumprimento da lei começa a tornar-se, sobretudo se o cidadão é também funcionário (com o gigantismo das injunções administrativas não apenas hierárquicas, mas colaterais), num jogo perigoso, em que muitos se arriscam a cair no alçapão da ilegalidade. Não o fazem por inimizade ao Direito. Não o fazem por incúria sequer. Fazem-no pelo honesto desconhecimento do cidadão comum que não consegue ler ao fim de semana um semanário inteiro, e muito menos tem tempo para estar em dia com todos os comandos do jornal oficial e as decisões de todos os serviços que com o seu ou consigo mesmo têm alguma ligação.

Pode assim criar-se nas sociedades contemporâneas uma sensação de asfixia jurídica ou legal, tal o labirinto em que nos enredamos.

Só se a lei fosse intuitiva e natural é que haveria plena legitimidade para reclamar cidadãos juridicamente omniscientes. Parece ser isso que está por detrás das considerações críticas de Michel Bastit logo nas primeiras páginas do seu *Naissance de la Loi Moderne* (Paris, P.U.F., 1990).

Tendo-se transformado a Lei em *factotum* de engenharia social e política, periga seriamente esse conhecimento, e a sua presunção *iuris et de iure* começa a revelar-se de legitimidade duvidosa. Em todo o caso, porém, a Cidadania impõe um esforço de todos pelo conhecimento da lei em que vivemos. Indagação que, em muitos casos, está longe de ser fácil, e mais distante ainda de se encontrar ao alcance do cidadão comum. Conhecimento próprio e divulgação geral: eis duas metas a levar em conta num importante, mas nem sempre reconhecido, vector de Cidadania.

Por outro lado, o Estado não está eximido desta tarefa, muito pelo contrário. Não ensinar aos cidadãos o seu Direito é coarctar, objectivamente, os seus *direitos*.

1.8. REPÚBLICA: FORMA E PROJECTO

República não é feriado, relíquia velha, peça de museu: tempo passado e estático. República permanece ideal. Não tem é sido muito dito, nem tem havido muitos *media* para o fazer ecoar.

Virão certamente aí revisionismos históricos que, tal como ocorreu no passado, nas cartilhas do Estado Novo, certamente poderão invadir a comunicação social de caricaturas falseadoras da I República – temos vindo a adverti-lo.

Uma primeira acção cívica e em nome da verdade histórica é recordar com rigor o grande passo no sentido da Liberdade e da Democracia que foi a I República.

Naturalmente, a República teve os seus erros, humanos, inerentes a qualquer concretização política. Mas apesar deles permanece símbolo de que devemos orgulhar-nos. Por vezes, até em reformas insuspeitadas.

Há mais a fazer: afirmar a República como grande ideal galvanizador, jovem e de futuro. Ela continua grande e generosa Eutopia.

Ser republicano não é venerar um barrete frígio em vez de uma coroa. É muito mais. Nem é tanto o problema – e gostaria de não chocar republicanos nem indignar monárquicos – da distinção entre ter como chefe do Estado uma figura eleita ou hereditariamente empossada; vitalícia ou periodicamente substituída. Apesar de serem estes os critérios "tradicionais", são excessivamente pobres, porque demasiado formais.

Primeiro, porque há as ditas monarquias electivas, como a visigótica. Depois, porque há as repúblicas vitalícias e até hereditárias na prática. Mas note-se: as primeiras são apenas curiosidades históricas – apesar de poderem ser simbolicamente significativas – e as segundas só por formalismo podem ser apelidadas de Repúblicas.

Um Chefe de Estado ferozmente cioso de si, envolto no culto da personalidade, ou até um ditador autocrático no governo, com um chefe de Estado decorativo ou cúmplice, são mais monárquicos que um monarca constitucional decorativo que deixe o parlamentarismo funcionar...

Quando a ignorância da *deseducação obrigatória* em que infelizmente vivemos diz, em exames de História, que Salazar foi o último rei de Portugal, erra clamorosamente no plano formal, mas não deixa de acertar algo no plano material. Isto nos perdoem os monárquicos democratas e liberais, que felizmente os há, e que, assim, são um pouco republicanos... E alguns até sabem que o são...

Formalmente, eram repúblicas os regimes soviéticos e afins. E nenhum deles foi uma República verdadeira.

Formalmente, era uma república o Estado Novo. Mas, sintomaticamente, reagiu à República, e nele se acolheram os monárquicos mais autocráticos, e dele se afastaram até os monárquicos mais liberais e democráticos. Por falta de monarquia? Não. Por falta de República.

Não queríamos, porém, que esta perspectiva matizada suscitasse dúvidas. O nosso republicanismo é duplo: é da República como conteúdo e da República como forma.

Há uma diferença de essência entre um poder cuja chave reside no Povo, e um poder cuja chave está numa pessoa, em última instância nebulosamente legitimada. Mas, atendendo à legitimidade de exercício do poder, é possível haver república numa monarquia, como haver monarquia numa república.

Há monarquia na república quando milhares de reizinhos, régulos, tiranetes, semeiam a sua autocracia, ainda que a todos presida um presidente democrata: que poderá, face a tais monarquias absolutas, estar tanto ou mais manietado que o rei-cornija (imagem de Eça), *que reina, mas não governa*, das monarquias constitucionais.

Há monarquia quando os empregos são hereditários, e os cargos são vitalícios. Nem tanto na chefia do Estado, mas nas pequenas chefias das pequenas repúblicas (ou monarquias) pelo País. Nas autarquias, nos serviços públicos, etc. Para não falar nos privados, ainda quando os privados funcionam com fins e funções públicas: como as empresas dos sectores estratégicos da Economia. E futuramente nas Universidades, que se estão a privatizar cada vez mais. E pior: a submeter à lógica materialista e capitalista.

E há meio-caminho disto. Há autocracias, há cultos da personalidade, há sabujices, que são próprias da corte. Lembremos os versos de Sá de Miranda:

"Homem de um só parecer,
Dum só rosto, uma só fé,
Dantes quebrar que torcer,
Ele tudo pode ser,
Mas de corte homem não é."

O pior da monarquia não é, normalmente, o rei. Antes do absolutismo, em Portugal, depusemos reis. A monarquia era, de algum modo, republicana: "és rei se governares rectamente; se não, não o és" – dizia-se, com base em velho aforismo latino.

Mas um rei gera uma corte. Uma das instituições mais perversas da monarquia é a corte. O poder de um homem elevar até às mais altas honras e poder do Estado o seu palafreneiro ou o seu camareiro é manifestamente arbitrário. O poder de um vespeiro "governar" é escandaloso.

O ideal, do nosso ponto de vista, é a coincidência das repúblicas: república no país, e repúblicas nos municípios, na administração pública, nas empresas...

Mas temos infelizmente ainda uma tendência para ser republicanos para o palácio de Belém, enquanto acabamos por ser monárquicos, e absolutistas, no governo das outras repúblicas da nossa terra.

Temos a forma da República, a república formal, mas ainda não temos plenamente o conteúdo da República, a matéria da República, e, assim, a República é ainda projecto.

1.9. IDEIA DE REPÚBLICA

1.9.1. O que é a República?

1.9.1.1. Coisa pública e liberdade

República é governo democrático: *do povo, pelo povo, para o povo* – na fórmula popularizada por Lincoln. Mas governo democrático não apenas eleito pelo Povo. Governo que se não governa a si (para si), mas à coisa geral, pública. E público que pratica o auto-governo (e daí o princípio da subsidiariedade) aos mais diferentes graus. Também cidadania, participação. Sempre povoando a política de mais entidades e mais participações, pluralmente, dinamicamente. República é assim, também, e muito, a consubstanciação do valor da Liberdade.

1.9.1.2. Justiça e igualdade

Sendo consubstanciação localizada na História de valores como a Justiça e a Igualdade, a República terá de ser bom governo. Hoje já se compreendeu que tal implica curar dos mais fracos, não os deixar à mercê dos mais fortes: com justiça social, naturalmente. E justiça social só pode ser fruto de um Estado social. República é, assim, a encarnação do valor da Igualdade. Uma igualdade équa e que a cada um permite o livre desenvolvimento da sua personalidade. Não, obviamente, uma igualdade igualitarista que de pessoas fizesse fotocópias.

1.9.1.3. Abolição dos privilégios

A República implica, por natureza, a abolição de todos os privilégios: desde logo, os privilégios do foro nobiliárquico, claro; mas de todos. Contudo, não é privilégio o que é devido pelo mérito. Privilégio é a mordomia sem razão, ou para além dela. Prémio do mérito é diferente, e ainda diversa é concessão de facilidade em razão da função. Os agentes da polícia em perseguição de um assassino não podem estar sujeitos aos limites de velocidade gerais...

1.9.1.4. Rigor, imparcialidade, pluralismo

Por isso, a República tem de defender a escola pública, o serviço nacional de saúde, a pluralidade de crenças filosóficas, religiosas, políticas, e a sua coexistência num espaço público neutro em relação ao particular, mas não neutro em relação às virtudes e aos valores republicanos, que são, na verdade, o mínimo denominador comum que permite a coesão social e o diálogo entre as diferenças.

1.9.1.5. Despojamento

A sobriedade típica da República é sobretudo dos governantes, que devem dar o exemplo de humildade, em todos os sentidos, contra os empreendimentos faraónicos e os luxos asiáticos do Estado. Um Teófilo Braga ia de eléctrico para as suas funções públicas. E República é também Estado social, contra o neoliberalismo globalmente imperante e tentacular. Eventualmente contra outros opositores, amanhã...

1.9.1.6. Transparência do Estado

Transparência, enfim, do Estado e da Administração Pública, em todos os aspectos que não sejam de defesa e afins: transparência das suas contas, das suas opções. É legitimação pelo procedimento e pelo consenso, mas decisão quando é necessário decidir, em prol do bem geral.

1.9.2. O que se opõe à República?

A prisão das próprias mentes, antes de mais. O espírito tacanho que se contenta consigo e se resigna com o dado, impedindo-se de tomar ar e de ver a luz. Os que, como referia Rousseau, têm tanto que podem comprar os outros. E os que tendo tão pouco, ou aspirando a ter tanto mais, se vendem – vis escravos que se sorriem em tom de troça ao ouvir a santa palavra "Liberdade"– dizia também Rousseau. Ou seja: os que corrompem e os que se deixam corromper. Os que esquecem a humanidade do Homem e o resumem a números e a dinheiros. Os que desprezam o dialogo, e se julgam iluminados – em comunhão directa com o que consideram, dogmaticamente, como sendo "a verdade". Todo o pensamento dogmático, e toda a atitude inquisitorial ou autocrática são anti-republicanos. Onde se erguer a chama do Pensamento livre, aí estará República.

1.9.3. Esperança republicana

Quem vê as notícias, pelo Mundo fora, ainda vê muitas ditaduras, imensa corrupção exposta – ambos são dos contrários mais explícitos da República –, usando tanto dinheiro, com tantos meios, tanta sofisticação.

Meios como o telemóvel e a *Internet* colocam hoje as pessoas em contacto à distância de uma tecla ou de um botão. O conhecimento histórico das experiências passadas dá-nos uma outra sabedoria, que não tinham os nossos generosos mas por vezes ingénuos antecessores.

Primeiro, pela deformação da autocracia, e depois pelo adormecimento do regime democrático, a educação não tem fornecido as bases para que sejamos totalmente livres, e só se é livre quando se tem cultura.

O grande desafio é o da juventude. Os candidatos a donos das mentes e das almas podem tentar seduzi-la, apostando na falta de instrumentos críticos que a Escola lhes tem negado. Contudo, uma certeza nos conforta: os jovens não mais acreditam em dogmas. Levam a sério os *porquês*. Não foram em vão, pois, estes anos de democracia. O poder tem de ser legitimado para ser autoridade.

Falta cultura e sentido crítico, mas espírito livre já os jovens têm. Aí está a esperança da República.

1.10. ÉTICA REPUBLICANA
A propósito da Constituição da República da Lísia

1.10.1. Ética republicana na Constituição Lísia

Numa conferência para que fomos convidado, pela Ordem dos Advogados, no ciclo "Os Espaços Curvos do Direito", entendemos dar notícia de uma utopia, a Constituição da República da Lísia,[1] em que se pode ler o seguinte:

> A República da Lísia tem como Fundamentos e Princípios estruturantes: (...) 5. Os Fundamentos da República Constitucional, Cultural e Cívica, implicando a não neutralidade axiológica e educativa da República, e exigindo, no respeito pelo pluralismo, a formação dos cidadãos nas virtudes e valores da ética republicana, formando na tolerância para a integração e a convivência. (...) (Art. 8º).

Na referida sessão, convidamos para debater connosco a "leal oposição" da Lísia, representada pelos senhores Dr. António Lemos Soares, da Universidade do Minho, e Prof. Doutor João Caetano, da Universidade Aberta.[2] O primeiro dos referidos investigadores levantou dúvidas sobre o conceito lísio de "ética republicana".

É nesse sentido que, recordando o que temos vindo a dizer sobre o assunto, nomeadamente em livros recentes[3] (e até adoptados como *textbooks*, *v.g.* na Faculdade de Direito da Universidade do Porto), gostaríamos de sintetizar algumas observações a esse propósito, prosseguindo assim o magnífico diálogo que travámos nessa noite de dia 30 de Novembro de 2006, no auditório do Museu Soares dos Reis,[4] após o III Colóquio Internacional do Instituto Jurídico Interdisciplinar, que teve lugar à tarde.

1.10.2. Uma ética pública e normativa

Há muitas expressões correntes cujo vero sentido não é realmente conhecido. Com o seu excessivo uso, algumas palavras sonantes ou expressões-chave passam a significar uma mescla de tudo-e-coisa-nenhuma, tornam-se bordões de linguagem, estribilhos.

Felizmente, tal não é, por enquanto, o caso da expressão "ética republicana", geralmente usada parcimoniosamente e por quem

---

[1] Toda a documentação pertinente pode colher-se no livro respectivo: CUNHA, Paulo Ferreira da. *Constituição da República da Lísia. Texto, Documentos e Contributos.* Porto: Conselho Distrital da Ordem dos Advogados, Instituto da Conferência, 2006.

[2] Ambos membros do Instituto Jurídico Interdisciplinar da Faculdade de Direito da Universidade do Porto, mas ali representantes, respectivamente, do PRF – Partido do Regresso ao Futuro da Lísia, e PCP – Partido da Construção Possível da Lísia.

[3] CUNHA, Paulo Ferreira da. *Direito Constitucional Geral*, Lisboa, Quid Juris, 2006; Idem – *Filosofia do Direito*. Coimbra: Almedina, 2006.

[4] Sessão presidida pelos ilustres Advogados Dr. Guilherme Figueiredo, Presidente do Instituto da Conferência, e Dr. Nuno Aguiar-Branco, do Conselho Distrital da Ordem, em representação do seu Presidente, Dr. Rui da Silva Leal.

sabe o que ela é. O problema é que, entre nós, essa situação vai de par com o facto de ser relativamente pouco usada. Antes que venha a ser corrompida, importaria que se lhe fixasse o significado.

Não se pode embarcar em recuperações cosméticas ou apropriações indevidas de conceitos com uma sedimentação semântica constituída.

A ética republicana não pode nem obviamente deve ser entendida como um discurso anti-valores (ou pretensamente avalorativo, alheio a valores, ou "para além do Bem e do mal") ou sequer uma alternativa a uma moral corrente, sem dimensão imediatamente política, seja rigorista tradicionalista, seja laxista modernista. É uma ética pública, eminentemente política, atinente a valores e comportamentos políticos, e não exclusivamente pessoais, ou mesmo de uma sociabilidade intersubjectiva "privada". Coisa diferente seria uma contradição com os próprios valores de contenção (não dizemos "neutralidade" absoluta) e de preservação da esfera privada no Estado de Direito Democrático.

Por isso, a ética republicana é minimalista (não gostamos da expressão estrangeirada e quiçá pedante "minimal"), no sentido de buscar o mínimo denominador comum axiológico (não de forma estatística, mas por uma sociologia já axiologizada – que seria, aliás, a forma que os Romanos utilizaram na própria individualização do Direito). A ela repugna todo o totalitarismo, a começar pelo que se exerce, tantas vezes de forma subtil, em matéria moral, que bem poderia transformar o Estado numa vasta prisão. O exemplo da cinzenta e triste Genebra de Calvino (veja-se o seu retrato na obra de Stephan Zweig), é o de uma ética republicana às avessas. Em que a república (na verdade uma república apenas na forma não monárquica: realmente uma teocracia) serve uma determinada moral de fundo religioso. Ora a ética republicana é autónoma face a essas determinações, embora, como é evidente, possa ter com todas as ordens sociais normativas momentos de intersecção.

Contudo, não é uma ética meramente etiológica, indagadora do *ethos* (ética descritiva, etiológica, ou fisiologista) mas comunga do *pathos* político, e só terá valor se se assumir com alguma normatividade (ética prescritiva ou normativa – que alguns assimilam a "moral").

A própria Constituição da Lísia nos encaminharia para estas respostas, porquanto, no seu art. 4, n. 9, explicita, afinal, o conceito, embora sem o mencionar:

O princípio da República é a Virtude. A acção da República inspira-se nas Virtudes Cívicas: desde logo o serviço ou dedicação pública, a prudência, a justiça com equidade, a transparência dos actos do Governo e da Administração, a imparcialidade, a discrição e a parcimónia de governantes e governados e o exercício da solidariedade e da fraternidade como vias para a Igualdade.

1.10.3. Valores e virtudes

Vejamos quão sábia é a Constituição da Lísia, à luz da teoria da ética republicana.

Na ética republicana devem, desde logo, distinguir-se duas dimensões: ética individual e ética política.

A primeira dimensão da ética republicana é precisamente a dos valores políticos, que podem variar, a nosso ver, consoante o cunho próprio de uma Constituição, embora, dada a cultura democrática social generalizada de hoje, seja complicado, a nosso ver, prescindir por completo dos valores políticos liberais, democráticos e sociais.

Admitimos que alguns, menos socialistas que o projecto de sociedade ainda subsistente (após muitas revisões constitucionais) na Constituição portuguesa de 1976, prefiram a expressão "equidade" à palavra "igualdade", para se porem a salvo do igualitarismo nivelador "por baixo". Mas a igualdade é já equidade, e a Justiça mesma também o é já – como entre nós bem observou António Braz Teixeira. A cautela é excessiva... e pode-se revelar perigosa, por poder criar desigualdades efectivas (sob a capa da equidade) por via hermenêutica.

Admite-se que outros prefiram a expressão *solidariedade* ou *fraternidade* – mas não se muda muito substancialmente o sentido dos valores constitucionais gerais.

Aliás, se a igualdade é considerada, por exemplo por um Bernard Crick, o valor político específico dos socialistas democráticos (social-democratas e trabalhistas incluídos), a verdade é que ela está também presente na tríade de objectivos do pai dos liberais autênticos (não anarco-capitalistas): Adam Smith. O qual, para maior espanto ainda, considerava explicitamente a tríade valorativa política que identificámos na Constituição da República Portuguesa: Liberdade, Igualdade e Justiça. E que são também os três principais valores superiores da Constituição de Espanha (aos quais acresce mais um, que verdadeiramente o não é, mas antes é parte de Liberdade: o pluralismo político).

O problema da escassa variedade de valores alternativos no domínio político-constitucional deriva do facto de os valores não poderem ser anti-valores, por um lado, e, por outro, de que o próprio molde juspolítico "Constituição" implica um padrão de democraticidade, cidadania, etc. que se não compatibilizaria com um texto que proclamasse, por exemplo, os valores da raça pura, da elite segregadora, ou do belicismo... A Constituição é como que uma espécie de género literário, com intrigas e personagens quase obrigatórias. A sua *forma* induz já um certo conteúdo.

A segunda dimensão a considerar é a dimensão da ética republicana individual, que quase se diria "moral republicana", moral da República, pela qual as virtudes republicanas (cívias, como diz a Constituição da Lísia) seriam exercidas. E elas são muitas: e são precisamente (além de outras) as explicitadas no citado artigo da Constituição da Lísia.

Pressuposto óbvio desta "moral" é o conjunto de virtudes básicas de honestidade, as quais, em ambientes políticos de corrupção ou suspeita dela, acabam por ser elogiadas em alguns políticos mais introvertidos ou até rígidos (como se extroversão e afabilidade fossem sinais de menor inteireza ética), quando, em verdade, as virtudes elementares deveriam ser *conditio sine qua non* de todos, sem excepção – e jamais constituir motivo de espanto.

Por outro lado, as virtudes políticas não podem ser apenas procuradas nos políticos. Elas são, na verdade, virtudes de cidadania. E, como tais, implicam todos os cidadãos. Se o escândalo entre os actores da ribalta política, de tão normal em certos países, já não causa sequer admiração (o que constitui uma forma de cauterização ética profunda, que produz insensibilidade e embota o são direito à indignação), a verdade é que cada um tem de pensar duas vezes antes de lançar a primeira pedra. Não, evidentemente, que o cidadão comum possa olhar-se no espelho da sua consciência como corrupto. A tanto se não chegou. Mas há uma difusa culpa (semelhante à "culpa na formação da personalidade" em Direito Penal) de *deficit* geral de cidadania. Cada cidadão, criticando ou sofrendo apenas e não participando (salvo em casos de complexa dimensão ética pessoal), torna-se pelo menos um pouco culpado. E deveria, com um dever político e ético, participar: logo no bairro que é a sua *polis*. E uma tal acção não poderá decorrer de um voluntarismo acéfalo, ainda que generoso, mas constituir, ao invés, um contributo sério feito a partir do estudo e ponderação dos problemas da coisa pública. Não o fazendo, torna-se passivo cúmplice do *statu quo*. E temos de reconhecer que (com a atenuante embora de um quotidiano delirante de excesso de trabalho e burocracia, no qual o cidadão normal se esgota) a cidadania é pouco exercida. A ideia egoísta de que as coisas públicas devem ser deixadas "aos outros", de que a culpa é sempre "do Estado", ou "do governo", "dos políticos" ou simplesmente "deles", é cómoda, mas acaba por se virar contra quem dela usufrui. Jamais os outros tratarão bem dos nossos problemas. Essa a grande justificação de um princípio antigo, da *autarkeia*, que é o princípio da proximidade das decisões, ou da subsidiariedade. Melhor cuida das coisas aquele *a quem dói na fazenda*...ou na vida, honra, liberdade, etc... Já Platão o sublinha, na sua *República*.

Mas evidentemente que o Estado deverá dar efectivas condições de participação, a todos os níveis.

Não sabemos, pois, qual a "crise" maior, e mais profunda: se a que fundamentalmente se reconduz a uma indecisão e inquietação quanto a certos valores comuns que na verdade o não são, nem podem sê-lo (numa sociedade muito pluralista social e moralmente) se a efectiva crise das virtudes da cidadania – as quais, ao contrário das virtudes gerais, não sofrerão de particulares angústias...

Inversamente ao que ocorre com o lugar comum da crise dos valores, a crise das virtudes não se encontra muito na moda. Mas ela é, sem dúvida, o outro rosto da crise da ética republicana, que no fundo (e para além da falta de imaginação e qualificação de muitos dos actores políticos, fruto da sua endogâmica e deficiente selecção) está na base da crise da Democracia, do Estado e do Direito, hoje.

Crises que não ocorrem na Lísia. Porque nela a ética republicana, de valores e de virtudes, está no espírito e na letra da Constituição: mas sobretudo no coração de cada lísio.

Por isso na Lísia se recita o estribilho, retirado do rifoneiro popular para exergo da Parte IV da Constituição (*Da Garantia e Desenvolvimento da Constituição*):

Constituição é sagrada
Mas mais sagrado é o Povo
Inda antes da Galinha
Existiu o próprio ovo.

1.11. PROGRAMA CONSTITUCIONAL

Não era Eça de Queiroz quem se lamentava de em Portugal não haver uma ideia? Vamos de seguida sumariar uma meia dúzia de ideias a ponderar na nossa política constitucional – ou seja, num programa constitucional. Pois se trata de desenvolvimentos constitucionais. Ideias estas, importa advertir, nada novas, mas actuais. Todas, de uma forma ou de outra, enformam a ideia de Estado Constitucional democrático e social, de Direito e de Cultura que é o paradigma geral da grande utopia realizável do nosso tempo e lugar: a Europa, em União Europeia. Mas nestes tópicos há muito de Universal, que poderia ser acolhido como programa constitucional em vários lugares do nosso Mundo contemporâneo. Numa *outra* globalização.

1.11.1. Humanidade Una e Dual

A primeira ideia tem de ser antropológico-cultural. O Homem *foi feito* Homem e Mulher – a fórmula bíblica é actualíssima. A Humanidade não precisa de se chamar, caricaturalmente, *Mulherhumanidade*. Mas é preciso reconhecer que somos unos e duais, complementares, e que à igualdade de direitos deve corresponder o reconhecimento de especificidades: o que só nos enriquecerá. O mundo actual ainda não digeriu esta igualdade e anda ainda na fase reivindicativa, folclórica, ou então na hipocrisia de uma igualdade apenas formal. Igualdade é diferença. Há muitas implicações a tirar daqui... Inteligentemente. Prudentemente. Ousadamente.

1.11.2. Economia social

Outro grande equívoco de hoje é o económico. A economia deveria ser para cada Pessoa e para toda a Humanidade. O próprio trabalho não é um fim em si, e a livre iniciativa tem que ter uma função social. Em regra, os *capitalistas* olham apenas o interesse dos que possuem meios de produção, e os *colectivistas* pretendem somente seduzir com promessas quiméricas os que nada têm senão a sua força de trabalho. Porém, a economia deve funcionar, não como simples decorrência anárquica de uma hipotética *mão invisível*, nem submetida à ditadura de uma *luva de ferro*, mas num equilíbrio em que o mercado livre se não submeta às distorções dos monopólios e oligopólios. Ao Estado incumbe necessária intervenção pela liberdade e pela justiça sociais, nomeadamente mantendo o pluralismo, a concorrência e o estímulo, e em especial promovendo a igualdade no seu verdadeiro sentido: de garantia de equivalentes oportunidades e benefícios. Possibilitando, como dizia Rousseau, que nenhum homem seja suficientemente rico ou poderoso para comprar outro, nem nenhum tão pobre e sem forças que possa vir a ser comprado.

1.11.3. Educação renovadora

A Escola é vital para a formação geral e para a precoce detecção do mérito. Com muito rigor na avaliação, autoridade e prestígio para os docentes – que passam pela independência e revalorização do seu estatuto –, deveria exigir-se que se aprenda o básico no ensino geral, se formem técnicos para as profissões que fazem falta, e se deixe a alta cultura (e a ciência) e a educação superior desenvolverem-se livremente numa Universidade não controlada e à míngua de recursos, antes acarinhada e com liberdade de docência e investigação, condições *sine qua non* do seu progresso e desenvolvimento. E do nosso!

1.11.4. Progresso e legado

Há grandes objectivos que se traduzem em palavras infelizmente gastas: Paz e Justiça, Desenvolvimento com equilíbrio e com a protecção do Ambiente. Trata-se, afinal, da harmonia do Homem consigo mesmo e com os outros, respeitando os valores que provaram, e rasgando horizontes no que os desafios novos impõem inovar. Harmonia com a Terra e harmonia com os Homens.

1.11.5. Democracia

Alguns terão pensado, na revolução de 25 de Abril de 1974, que a Democracia poderia vir a deixar de ser uma meta. Alcançada, teríamos de concentrar-nos em novos objectivos. Erro grave, esse, embora compreensível. A Democracia nunca é plena. E, como a pedra de Sísifo, quando julgamos que chega ao cume da montanha, lá vem ela de novo resvalando... Há ainda muitas bolsas anti-democráticas na nossa sociedade. Algumas novas até. E se nem tudo pode ser democracia (há coisas que precisam de hierarquia, de aristocracia, etc.), há muitas ainda que carecem dela aflitivamente. Vejam-se os baronetes e tiranetes que por aí pululam...

1.11.6. Identidade

Ser Português não é indiferente. Sem qualquer nacionalismo balofo. A História aponta a possibilidade de agarrarmos de novo uma missão de mediação criadora no Mundo (não a mera política de "transporte" criticada por António Sérgio). A Geografia indica o Mar como via, recurso e garante de identidade. A Psicologia social detectará uma idiossincrasia humana que propende a soluções equilibradas, moderadas, diplomáticas, mas capaz de cortar o mal pela raiz nos momentos agudos.

Portugal tem de se cumprir com mais trabalho, mais responsabilidade, e mais Esperança. Jamais fazendo tábua rasa das nossas qualidades e acabando com a mania de cópia acrítica de soluções importadas. Muitos troçaram do "socialismo original" português da Revolução de Abril. Era para alguns álibi, e para outros folclore. Pois – apesar de não estar nada na moda – de novo cremos num socialismo original, como o nosso Eça, apesar de tudo, *ainda ia no seu Proudhon*... É afinal esse o socialismo que ainda resiste na Constituição. E que *Deus e os constituintes revisores o conservem*.

1.12. CONSTITUIÇÃO, SOCIALISMO E JUSTIÇA SOCIAL

A moda ideológica também existe. E manifesta-se em reivindicações por vezes nem sequer simbólicas, mas apenas emblemáticas de cultos localizados, e normalmente efémeros.

Sem eco popular, obviamente, mas agigantado nos meios muito noticiados, vai crescendo (embora com altos e baixos) o coro contra a Constituição da República Portuguesa. Uns querem-na "presidencialista", atirando ao lixo a vigente, sem dó nem piedade. Outros parecem favoráveis à simples descaracterização final do texto constitucional, deitando fora "apenas" o socialismo. E há os condescendentes com o revisionismo, além dos indiferentes. É a estes últimos que endereçamos estas palavras.

Somos contrário à guilhotina constitucional.

Cortar o socialismo da Constituição da República Portuguesa não é ainda matá-la, mas é decapitá-la. Mais valia convocar uma nova Constituinte que fizesse tudo do princípio, e arquivar num *coup de grâce* o presente texto como relíquia histórica, hoje já tão amputada. "Basta de tanto sofrer!"

Esta decapitação é um acto voluntarista de profundo simbolismo político. É o crime primordial dos filhos que assassinam o pai, ou seja, que rejeitam o seu próprio património. Porque, bem ou mal, o socialismo da Constituição da República Portuguesa não é o papão comedor de criancinhas que a mitologia anti-comunista criou.

O socialismo da Constituição da República Portuguesa é compromissório, como ela própria: é o socialismo original e português do CDS de então, favorável a uma "sociedade sem classes"; é o socialismo humanista, sem rejeitar contributos do próprio marxismo, do PPD. Além, evidentemente, do socialismo democrático (ou "em liberdade") do PS... Sem esquecer as aportações do PCP, do MDP e da UDP – que todos entraram no cadinho dialéctico do trabalho constituinte.

A palavra *socialismo* foi, na constituinte, não um factor de clivagem, mas de *confluência em diversidade*: e um lugar virtual em que desaguaram afinal as preocupações sociais então partilhadas por todos os partidos com representação parlamentar. Afinal, o socialismo da Constituição da República Portuguesa, no seu mínimo denominador comum, é uma democracia plena, avançada e moderna (política, económica, social e cultural), e é o Estado social.

O grande argumento favorável à sua manutenção não é porém sequer histórico. O socialismo da Constituição da República Portuguesa, longe de ser uma relíquia, é precisamente um vector interpretativo constitucional de grande valia, hoje. E é-o precisamente em contraponto a vectores adversos, que aspiram a dominar a Constituição, precisamente pela via interpretativa: o conservador e o neoliberal (ou anarco-capitalista).

Manter o socialismo na Constituição da República Portuguesa não nos deixa à mercê das garras do "perigo vermelho", como gostam de agitar os alarmistas alérgicos a preocupações sociais. Jamais nos colocou nesse transe, porque a mesma Constituição da República Portuguesa que quer caminhar para o socialismo deseja fazê-lo num Estado de Direito democrático, no respeito pela vontade popular, dignidade humana, Declaração Universal dos Direitos do Homem, etc.

Manter o socialismo na Constituição da República Portuguesa é ainda um reduto de sonho e de esperança. E não apenas para a dita esquerda tradicional, como para muitos sociais-democratas do PSD e muitos democratas cristãos do CDS/PP que se revêem no reformismo e no keynesianismo, uns, e na doutrina social da Igreja, outros. E, nessa medida, compreenderão bem de que socialismo se trata. No pano de fundo da interpretação da Constituição da República Portuguesa, o socialismo que lá está é uma *solicitude social*, uma preocupação com os mais desfavorecidos, *suplemento de alma* que seria até cruel tirar-se-lhes.

Arrancar o socialismo à Constituição da República Portuguesa seria interpretativamente significativo e grave. Traduzir-se-ia no triunfo de uma interpretação (recuperadora) neoliberal conservadora. Não se apaga o socialismo para *não ficar nada* em seu lugar e passarmos a ter uma Constituição da República Portuguesa inócua: tira-se o socialismo e entra o neoliberalismo conservador, porque o acto de supressão é explícito e eloquente, e as ideologias expansivas: perde uma terreno, ganha-o a sua adversária. Lá voltaria a troca do princípio da igualdade pelo da "equidade", e assim por diante – sempre num rumo anti-social.

Quando se ataca o socialismo na Constituição da República Portuguesa é ao Estado Social que se quer pôr em causa. Esperemos que o PS, de quem depende realmente a palavra decisiva, prove que encontrou uma *política constitucional* e saiba defender o socialismo: não pela razão sectária de este ser a palavra que lhe dá o nome, nem por meros brios de seu fiel depositário. Mas porque o socialismo é um grande ideal que o transcende, e dá sentido ao todo constitucional, desde logo aos direitos sociais, os próximos sob a mira dos revisionistas...

O socialismo compromissório constitucional é réstia de utopismo que nos queda a todos. Nunca fez mal a nenhum governo não socialista; até deu uma ajudinha, como álibi. Apesar de tudo, incomodará ainda muito quem de todo não preze a solidariedade, a igualdade e a fraternidade.

1.13. LIBERALISMO E SEGURANÇA SOCIAL

Chocaremos o *decorum* de quem aboliu no vocabulário as desigualdades, mas delas usufrui na prática. De quem prega soluções moderadas, que, afinal, interessam apenas a uns tantos. De quem nega que haja direitas e esquerdas, sendo contudo das primeiras. Como agudamente diagnosticou Alain.

Registam-se historicamente e pelo Mundo algumas direitas sérias, responsáveis, democráticas e sociais. Há conservadores ponderados, tradicionalistas com classe, integralistas com imaginação, democratas-cristãos com fé, esperança e sobretudo caridade.

E liberais? Em Portugal, os liberais, que tinham a herdar um magnífico património, desde o municipalismo pré-absolutista às guerras da sucessão, quem são, onde estão? Salvo raras e honrosas excepções, foram ler umas cartilhas estado-unidenses, neo-conservadoras, com dicas da Escola de Chicago, e, por arrastamento, mas sem a sua dimensão, citações não contextualizadas de Hayek. São anarco-capitalistas, mas dizem-se "liberais", ou "neo-liberais".

Fazem Adam Smith não ter paz no túmulo. Quando atacam a Justiça Social e a Igualdade, desconhecerão o projecto do autor d'*A Riqueza das Nações*, sintetizado precisamente na tríade *Liberdade, Igualdade e Justiça*?

Ser liberal é complicado, é certo. Os liberais foram repetidamente acusados de serem cataventos, de estarem permanentemente "em cima do muro". Mas não é motivo para uma tal negação identitária. Teriam razão os tradicionalistas ao dizerem que "o Liberalismo é uma rampa para o Socialismo"? E quererão agora alguns fugir a sete pés dessa "fatalidade histórica", invertendo o caminho, rumo à direita?

Curioso é que nos "neo-liberalismos"aguerridos e com muita audiência nos *media* (que em nada corresponde ao seu peso real, ou eleitoral, se tivessem coragem de como tais se apresentar ao eleitorado) se nota uma auto-suficiência e um messianismo pseudo-científico que os faz aparentar muito com seu arqui-inimigo, o comunismo soviético. A crença escatológica na salvação pelo mercado, e a pregação que isso é ciência, assemelha-se à fé inabalável nos *amanhãs que cantavam* e no materialismo histórico e dialéctico como verdades soteriológicas.

Chocaria Hayek, exímio delimitador das mentalidades liberal e conservadora, que um liberal passe, sem drama, a conservador anarco-capitalista. Nem falamos de Thomas Hill Green (pensador de tantas preocupações sociais), e que morreria de novo se ressuscitasse para ver.

Do que mais se tem visto na nossa comunicação social e na *blogsfera* são missionários do novo evangelho anarco-capitalista: crescem como cogumelos articulistas que se pretendem liberais (outros, mais subtis, passam apenas por economistas ou comentadores pretensamente assépticos), mas cujo único fito é demolirem os direitos sociais, a Segurança Social, e, no limite, o próprio Estado, para que triunfe o deus-mercado, isto é, a selva do *salve-se quem puder*.

Deveriam, até pela defesa da marca, sair a terreiro os verdadeiros liberais. Como criadores, que foram, por exemplo, da pioneira Segurança Social no Reino Unido.

E mais que todos, deveriam vir a terreiro os socialistas e os social-democratas, em séria luta ideológica, explicando que os direitos sociais (consagrados constitucionalmente) e a justiça social não são, como nos querem fazer crer, garras sufocantes do papão comunista. São essenciais condições de dignidade para Mulheres e Homens do nosso tempo, que não quer regressar à barbárie de um capitalismo selvagem, hoje envolvido nas roupagens tecnocráticas de defensor da "liberdade de escolha" (lembrando título de Friedmann), mas sempre igual a si mesmo.

Irónica "liberdade de escolha", essa.

O pobre, que mal tem dinheiro para comer, não escolhe. O indigente, que não tem mesmo que comer, não escolhe. A classe média, que faz equilibrismo e não pode falir pura e simplesmente, porque tem vergonha na cara, não escolhe.

Venham agora dizer-nos que os ricos podem ficar de fora da contribuição para a Segurança Social, e que os meio-ricos podem ficar meio de fora.

Como os impostos já não fossem fraudados e suavíssimos para quem mais tem (pagos sobretudo pelos trabalhadores por conta de outrem). E como a sociedade que dá lucro aos ricos pudesse prescindir deles para o esforço da Segurança Social, para mais em tempos de vacas magras.

A Segurança Social não pode passar a ser uma mutualística de migalhas amealhadas forçadamente por pobres, enquanto os ricos ficam cada vez mais ricos, investindo como querem o muito que lhes sobra.

Os verdadeiros liberais não se deveriam calar. Menos ainda os verdadeiros social-democratas e socialistas.

Porque se se calarem estarão a falhar numa das políticas mais importantes e mais nobres que um programa ideológico feito acção (partido, movimento, clube…) comporta: a política constitucional.

1.14. SOLIDARIEDADE CONCRETA

O grau de civilização, cultura e civismo de uma dada sociedade pode ser avaliado por vários parâmetros.

Os *Relatórios sobre o desenvolvimento humano* são, sem dúvida, uma bateria interessante e muito útil de informação, tanto mais que fazem intervir a transposição estatística, que sempre nos deixa mais tranquilos quanto à fiabilidade das conclusões, porque estribadas em números. Porém, há outros factores, simbólicos, afectivos, que nos dão o lado humano do desenvolvimento. Menos frios, menos abstractos que os números, há indicadores empíricos que nos permitem ter uma impressão clara de como estamos: não pelas médias e pelas modas – mas tomando o pulso dos climas sociais.

Um dos paradigmas que propomos, é, assim, o da *solidariedade concreta*. Conceito que teria que se vir a trabalhar cientificamente. Mas que, numa primeira abordagem, todos reconhecem: aquela solidariedade que se aquilata pelo clima geral de benignidade, simpatia, tolerância, cooperação, e, em especial, entre-ajuda informal e espontânea de cidadãos comuns. E esta quase se pode avaliar como a qualidade do ar. Equivalendo, em contrapartida, a poluição ao irrespirável da falta de solidariedade quotidiana: um ambiente que bem se diz "de cortar à faca".

Entre esse ambiente de ar pesado e sujo, que se sente sobretudo em instâncias em que a luta pelo poder reina e tudo absorve, e a normalidade da rua, é óbvio que devemos procurar a rua. O barómetro solidário nem poderia contar com a pressão nos antros da rivalidade e do agonismo – que desfigurariam toda a estatística com excessivas altas pressões.

Vamos à rua, então.

Ocorre um acidente. Uma pessoa idosa escorrega e cai. Aos olhos de todos dá-se um assalto. Qual a atitude dos passantes? Nas metrópoles ditas civilizadas, com alto grau de desenvolvimento económico, é normal que o cidadão comum vire a cara, mude de passeio, e apresse o passo. Isso é sinal certo de subdesenvolvimento no plano da solidariedade concreta.

Claro que este autista social, que tem mais que fazer do que preocupar-se com o seu próximo, poderá até tranquilizar a sua consciência com uns donativos para uma ou outra organização humanitária, que aliás se reverterão, normalmente, em bonificação fiscal. Mas no plano da entre-ajuda, da solidariedade presencial, é um primitivo. Primitivizou-se.

O mesmo se diga da solidariedade familiar. Pais que endossam os filhos para creches (e escolas subsequentes) durante o tempo lectivo e para campos de férias, durante estas, para se verem livres deles, terão (já estão a ter, eles e outros que não fizeram como eles) o prémio de serem despejados, por seu turno, em albergues insalubres ou assépticos (consoante as posses), mas sempre sós e tristes, quando envelhecerem. Os casos, outrora comuns, de famílias recolherem parentes desafortunados, órfãos, por exemplo, como vão? Desconfio que não irão lá muito bem... Essas desgraças são sempre com os outros.

Até a morte queremos esconder, negando-a (já ninguém morre em casa) e até maquilhando-a (como no romance impiedoso de Evelyn Waugh, *O Ente Querido*).

E entretanto, com uma sociedade a insensibilizar-se, e uma mentalidade dominante em alguns sectores, que nos diz que pobres só são os mandriões, e que quem trabalha sempre triunfa (lógica que nada tem a ver com a nossa tradição católica, mas com a impiedosa ética da predestinação, tão bem surpreendida por Max Weber em *A Ética Protestante e o Espírito do Capitalismo*), o Estado arrisca-se a não ser o contraponto social da vaga neoliberal, melhor, *do salve-se quem puder*.

Acima de qualquer suspeita de socialismo, a Suíça, ao menos simbolicamente, compreendeu o problema, inscrevendo no Preâmbulo da sua Constituição renovada o que deveria ser nosso lema também em matéria de solidariedade: "A força de um Povo mede-se pelo bem-estar do mais fraco dos seus membros".

Recebemos há não muito tempo um *e-mail* desses quase anónimos em que alguém se regozijava por, a partir das reformas de 2006, os funcionários públicos irem ter a saúde mais cara. Não é um *e-mail* solidário. Gostaríamos era que tivéssemos condições (pelo labor acrescido do público e do privado, por maior criação de riqueza, e sua mais justa redistribuição) para o Governo poder anunciar a melhoria das condições de saúde de todos, funcionários públicos ou não.

Enquanto uns grupos se congratularem com o infortúnio dos outros, chamarem sistematicamente ao que têm *direitos*, e ao que os demais possuem *privilégios*, a falta de solidariedade imperará. E quem ganha com isso?

Há um espírito constitucional animado pelos cidadãos, um verdadeiro espírito de cidadania solidária, que passa pela consciencialização (e pela coerência activa) da importância do dar a mão ao seu concidadão. Compreendendo que as metas sociais do Estado não o são apenas para o Estado-aparelho, mas também para o Estado-sociedade.

Cidadania não é só voto e reclamação de direitos. É também participação efectiva, voluntária e quantas vezes graciosa e até benemérita nas grandes tarefas constitucionais do Estado democrático e social de Direito e de Cultura.

1.15. CONSTITUIÇÕES CONTEMPORÂNEAS E VALORES

1.15.1. Actualidade dos valores constitucionais

Uma das vontades que mais à evidência ressalta na análise de textos constitucionais hodiernos é a de fundar as sociedades actuais em valores. Há como que uma sede valorativa no nosso tempo. Talvez pela mesma razão que os maus costumes – como diz o velho brocardo – resultem em excelentes leis. E a mais corrupta das sociedades acabe por ter o maior número de leis. Seja como for, essa sede valorativa resulta em pletora de referências a valores em algumas constituições, sem que, contudo, se possa descortinar o critério de base para elevar qualquer coisa a tal categoria.

A grande e positiva excepção é a da Constituição Espanhola, de 1978, que, apesar de, por razões circunstanciais, ter elevado a valor o "pluralismo político" (assim algo distorcendo a sua perfeição) é a vários títulos exemplar quanto à presença axiológica no seu texto.

Assim, desde logo confere aos valores uma dignidade simbólica e estrutural, colocando-os logo no seu art° 1°, 1. Especifica que tais valores são "superiores", admitindo desta forma outros, subsidiários, ou de menor escalão. É sucinta na sua enumeração: apenas quatro (dos quais apenas três mereceriam tal qualificação). E não entra na análise do que possam ser em concreto, porque, como diziam os romanos, as definições são perigosas, e, como sabemos, em matéria jupolítica, muito se ganha com a polissemia dos conceitos. Embora o rigor perca, naturalmente...

Vale a pena referir outras três constituições recentes, por se encontrarem nos antípodas desta concisão, mas que todavia contêm em si elementos de grande interesse, e aptos a mais detida meditação.

1.15.2. Brasil, Croácia, União Europeia

A Constituição do Brasil, por exemplo, é um manancial de possibilidades valorativas, com um entrosamento muito particular, que confere a cada elemento (seja na realidade valor ou não) um sentido próprio num Estado social, democrático de direito moderno e progressivo – que tal é o projecto desta Constituição.

Assim, refere no preâmbulo não "valores superiores" como dizia a Constituição espanhola, mas "valores supremos". E a grande inovação é que eles se modelam mutuamente:

> Nós, representantes do povo brasileiro, reunidos em Assembléia Nacional Constituinte para instituir um Estado Democrático, destinado a assegurar o exercício dos direitos sociais e individuais, a liberdade, a segurança, o bem-estar, o desenvolvimento, a igualdade e a justiça como valores supremos de uma sociedade fraterna, pluralista e sem preconceitos, fundada na harmonia social e comprometida, na ordem internacional, com a solução pacífica das controvérsias, promulgamos, sob a proteção de Deus, a seguinte Constituição da República Federativa do Brasil.

Também a Constituição da Croácia, no seu Art° 3°, sobre Valores do Estado, nos apresenta também uma pluralidade de desafios. Ei-los, na versão inglesa a que tivemos acesso:

> Freedom, equal rights, national equality and equality of genders, love of peace, social justice, respect for human rights, inviolability of ownership, conservation of nature and the environment, the rule of law, and a democratic multiparty system are the highest values of the constitutional order of the Republic of Croatia and the ground for interpretation of the Constitution.

Note-se que o multipartidarismo, por razões que terão sido, *mutatis mutandis*, semelhantes às que determinaram preceito análogo na Constituição espanhola, também se encontra aqui presente. Os valores são ditos os mais altos da ordem constitucional, e uma novidade (por agora se encontrar explícita): a importância dos valores para a interpretação constitucional. Acresce que se consideram "novos" valores, como a conservação da natureza e do ambiente, e a igualdade nacional e de géneros. A inviolabilidade da propriedade é, evidentemente, reivindicação já muito mais antiga, mas aqui enfatizada, certamente, como reacção aos tempos menos "proprietaristas" de que a Croácia estava a sair...

Finalmente, o projecto de tratado constitucional instituidor de uma Constituição Europeia tem como característica conter no seu seio duas listas de valores que não coincidem. Assim, pode ler-se no Preâmbulo:

> INSPIRANDO-SE no património cultural, religioso e humanista da Europa, de que emanaram os valores universais que são os direitos invioláveis e inalienáveis da pessoa humana, bem como a liberdade, a democracia, a igualdade e o Estado de Direito, (...)

A Carta dos Direitos Fundamentais da União, por seu turno, no seu próprio Preâmbulo, que manteve ao ser transposta para o conjunto da Constituição, continua a referir outro catálogo axiológico:

> Os povos da Europa, estabelecendo entre si uma união cada vez mais estreita, decidiram partilhar um futuro de paz, assente em valores comuns.
>
> Consciente do seu património espiritual e moral, a União baseia-se nos valores indivisíveis e universais da dignidade do ser humano, da liberdade, da igualdade e da solidariedade; assenta nos princípios da democracia e do Estado de Direito. Ao instituir a cidadania da União e ao criar um espaço de liberdade, segurança e justiça, coloca o ser humano no cerne da sua acção.

1.15.3. Valores constitucionais sintéticos ou sincréticos?

Podemos assim concluir, sem sequer enveredarmos por detidas considerações axiológicas puras, que nos esclarecessem mais sobre a noção de valor, que há, efectivamente, duas orientações prévias sobre a questão valorativa no terreno constitucional: Uma orientação sincrética (ou, na melhor das hipóteses, já analítica) e uma outra orientação sintética, rigorosa.

A orientação sincrética tem a vantagem de, por vezes, como é o caso da Constituição brasileira ou da Constituição croata, se positivarem aspectos de relevância constitucional, utilizando para tanto o molde valorativo. Serão, em certos casos, apenas valores a benefício de inventário. Mas é importante, reconhecidamente, que, em tempos de muito apertada largueza de vistas hermenêutica por parte dos intérpretes comuns das constituições, ancorar a interpretação em elementos constitucionais que assim se guindam à altura de valores. E é de igual modo muito fecundo que novas aportações, quiçá valorativas mesmo, ganhem acolhimento, quer pela modelação inter-valorativa, quer pela efectiva presença de novos adquiridos constitucionais.

Dir-se-á que alguns deles (como a igualdade de género, ou a defesa do ambiente) já se encontrariam, ou se encontrariam implicitamente, nos velhos catálogos, nem sequer valorativos, mas de simples direitos...

Mas também aí se poderá argumentar que estamos em tempo de recuperação de meta-narrativas e de reinvenção de mitos. Sem o que, como profetizou Vaclav Havel, ficaremos sem alma e sem futuro. Elevar algumas aquisições constitucionais (ou novos olhares sobre velhas aquisições) a valores constitucionais, ainda que seja um certo "barbarismo"ou "profanação"aos olhos de alguns, pode, afinal, conferir mais dignidade ao discurso da Constituição axiológica (que não há só constituição política, económica, etc.). Ainda que esta *démarche* se inscreva no domínio retórico, e até de uma forma de discurso legitimador, pode ser uma das medidas de choque de que necessita o nosso panorama constitucional para aproximar a Constituição da alma dos cidadãos, e aproximar os juristas da alma do Direito.

A outra orientação é mais rigorosa: restringindo, de forma sintética, a categoria dos valores a uns poucos. E são eles, sobretudo, os três grandes valores individualizados pela Constituição de Espanha.

Esta orientação não será muito imaginativa, mas tem a vantagem de limitar os valores, de lhes acrescentar algum consenso, e de os arvorar a um lugar claramente superior aos princípios, sem lugar para confusão entre uns e outros (salvo aqueles que são, ao mesmo tempo, valores e princípios: como, pelo menos, a Igualdade e a Justiça).

Apesar de tudo, continuamos em crer que, de todos, melhor andaram os espanhóis, que consideraram valores superiores os três valores políticos que o são: Liberdade, Igualdade e Justiça.

1.16. TOMAR A SÉRIO O LEGADO CONSTITUCIONAL

Direito não é só o de hoje. Durante muito tempo até (*grosso modo*, até às codificações), nem mesmo se terá feito uma autonomização científica da História do Direito, porquanto o direito mais antigo era ainda vivente (desde logo, o Direito Romano). E, sendo direito vivo, não era tido por "História.

Mas no passado, vivente ou menos vivo, estão as raízes, e essas alimentam o nosso presente. Importa pois pensar a génese do "clima constitucional" de liberdades.

A génese histórica das liberdades é hoje normalmente associada ao legado constitucional das revoluções inglesa, americana e francesa. Uma historiografia nem sempre universalista e por vezes etnocêntrica, por acção ou omissão, foi-nos criando o preconceito de que o património jurídico-político dos povos de língua portuguesa (assim como o dos de língua castelhana) seria apenas colonialismo, esclavagismo, opressão, e inquisição.

Mil e um livros e agora mil e um filmes nos apresentam como meio-bárbaros, muito inferiores aos *gentlemen* de língua inglesa: mesmo piratas britânicos já foram apresentados como defensores dos direitos humanos.

Porém, por mor dessa pressão etnocêntrica, e dos nossos velhos complexos de inferioridade, temos vergonha do nosso passado (que normalmente desconhecemos), e admiração pelo passado alheio.

Mas será que não fizemos constitucionalmente nada de positivo nesses tempos pré-revolucionários? Estaremos sempre fadados a ter de carpir mágoas do nosso pretenso atraso (porque nem em tudo o foi, e nem em tudo o é)? Não estaremos a contribuir para o olvido das nossas próprias tradições, tão excelentes ou mais que as dos povos vencedores da História? Ou teria Gilberto Freyre alguma razão quando escreveu:

> Há perigos reais. Não perigos de nações contra nações – estes são transitórios – nem de Estado contra Estado – estes são ainda mais superficiais; e sim os perigos de culturas con-

> tra culturas; sim, as ameaças de imposição violenta da parte de grupos tecnicamente mais fortes a grupos tecnicamente ainda fracos, de valores de cultura e de formas de organização social, dentro das quais os povos menores se achatariam em vassalos dos vencedores, ou por serem mestiços, ou por serem considerados corruptos, ou por isto, ou por aquilo. (...) se nenhum de nós se deixa iludir por qualquer dessas mistificações, por outro lado alguns acham prudente acreditar em perigos concretos contra os quais se impõem defesas, precauções, vigilâncias (...)?[5]

As manifestações do génio jurídico de um povo ou de um conjunto de povos com afinidades e laços civilizacionais particularmente comuns são múltiplas, e as pistas a seguir para captar tal originalidade comportam, assim, diversos trajectos.

A hipótese de um espírito jurídico nacional português, inserido no contexto de um génio jurídico hispânico ou ibérico (pelo menos derivado de um fundo comum desses tempos anteriores à formação da nacionalidade) foi-nos sugerida por diversíssimas fontes, umas mais ortodoxas, outras – por enquanto, ao menos, apesar da ruptura epistemológica fundamental "pós-moderna"– mais heterodoxas:

Foram, por um lado, as sínteses iluminadoras de Teixeira de Pascoaes, e, mais perto de nós, de Agostinho da Silva, chamando a atenção de forma breve e concisa, mas bastante poder evocativo e prático, para uma especificidade do direito português, ancorado, evidentemente, num modo-de-ser português, essência, ou "alma portuguesa".

Foram ainda trabalhos mais especializados sobre as especificidades do constitucionalismo moderno português, apesar da sua influência francesa encoberta pela evocação espanhola; e, mais longinquamente ainda, no tempo, estudos como de Jaime Cortesão, ou os trabalhos de Bernardino Bravo Lira, em que essa especificidade ganha contornos de carácter precursor.

As grandes conquistas de Liberdade, Igualdade e Justiça, que a voz corrente sói hoje em dia sediar originariamente algures numa das três revoluções modernas e burguesas – inglesa, americana e/ou francesa – já se encontram, afinal, pelo menos em estado potencial ou embrionário, em recuados tempos da formação da nacionalidade portuguesa, ou mesmo antes, sendo marco assinalável neste processo os concílios toledanos e Santo Isidoro de Sevilha (obviamente não portugueses, mas património iniludível desse fundo histórico comum).

---

[5] FREYRE, Gilberto. *Uma Cultura Ameaçada: a Luso-Brasileira*, Recife, 1940.

Uma das linhas de investigação mais fecundas atinentes a esta hipótese, centrada mais especificamente no campo jurídico-político, máxime constitucional, teve a sua floração num congresso internacional, em Santiago do Chile, onde dezenas de investigadores, sobretudo provenientes da América Latina de língua Castelhana, passaram em revista a transposição e metamorfoses das velhas liberdades ibéricas para o Novo Mundo. E tal teria sido o desabrochar dessas ideias nas Índias Ocidentais, que bem poderíamos sintetizá-las nessa divisa conhecida *extra-ultra*, sobretudo pela extensão e mais ainda pela superação, pelo levar mais além.

Mas se a presença internacional dos estudiosos de língua castelhana parece mais activa, não podemos descurar que já excelentes investigadores do Brasil chamaram a atenção para essa particularidade. Só para citar os consagrados: Gilberto Freyre e Sérgio Buarque de Holanda.

E no Brasil se encontram (como certamente nos PALOP, no antigo "Estado da Índia", em Macau, em Timor: que aguardam investigação) abundantes salvados do que terá sido um sistema nosso de liberdades. É uma lei geral civilizacional: nas extremidades dos impérios melhor se conserva o seu legado e por mais tempo. O centro move-se, a periferia, dura.

Há, na verdade, um manancial enorme de dados a recolher pelos estudiosos, para recuperarmos o nosso legado de Liberdades, as quais pensámos e vivemos antes que os outros o tivessem feito. E importa fazê-lo não por vão "nacionalismo" ou despique, mas pelo amor à verdade histórica, e quiçá inspiração para que, em síntese com os contributos alheios, continuemos a linha que interrompemos, por esquecimento e colonização cultural jurídico-política.

Um jovem investigador da Universidade do Minho, Dr. António Lemos Soares, deu a lume, em obra colectiva,[6] uma parte substancial da sua tese sobre as Liberdades enquanto elemento de originalidade do "tempo jurídico"português. Bom sinal.

Sigamos os Brasileiros, que nos precederam. Lembramos dois trechos de Sérgio Buarque de Holanda[7] como convite à reflexão e à investigação:

---

[6] Recolhida substancialmente em CUNHA, Paulo Ferreira da; SILVA, Joana Aguiar; SOARES, António Lemos. *História do Direito*. Coimbra: Almedina, 2005, 2ª Parte.

[7] HOLANDA, Sérgio Buarque de. *Raízes do Brasil*, 4ª ed. (1ª port.). Lisboa: Gradiva, 2000, p. 14 e 17.

(...) pela importância particular que atribuem ao valor próprio da pessoa humana, à autonomia de cada um dos homens em relação aos semelhantes no tempo e no espaço, devem os espanhóis e os portugueses muito da sua originalidade nacional.

E mais adiante:

E a verdade é que, bem antes de triunfarem no mundo as chamadas ideias revolucionárias, portugueses e espanhóis parecem ter sentido vivamente a irracionalidade específica, a injustiça social de certos privilégios, sobretudo os privilégios hereditários. O prestígio pessoal, independente do nome herdado, manteve-se continuamente nas épocas mais gloriosas da história das nações ibéricas.

Desbravadores também das ideias de Liberdade e Dignidade da Pessoa, e de Igualdade contra o privilégio e a injustiça social, serão os Portugueses capazes de estar hoje à altura dos novos Mundos que também nesse plano jurídico politico, ao Mundo deram?

Porque, no momento presente, novos desafios, que são novas marés de oportunidades renovadas, se nos colocam. A necessidade de exercitar o génio criativo jurídico e político, logo, o génio da "imaginação constitucional" aí está, interpelante. A começar pela Cidadania e os Direitos Humanos, em que fomos, de algum modo, historicamente pioneiros.

1.17. CONSTITUIÇÃO EUROPEIA:
Para uma nova síntese

Uma nova oportunidade começou a esboçar-se para Constituição Europeia, a partir de junho de 2007. Há a real possibilidade de um novo tratado, sob a presidência portuguesa da UE.

Seria bom que agora, ao contrário da primeira vez em que o problema se colocou, entrássemos num diálogo muito menos passional sobre o assunto. Muitos foram ludibriados pelas propagandas, ou então viram-se enredados por obstáculos de princípios realmente ultrapassados.

Mea culpa, mea maxima culpa – no início, também não conseguimos o necessário distanciamento face a ideias-feitas sobre "soberania", "poder constituinte" e afins, que, todavia, com algum estudo e alguma intuição, acabariam por ruir como castelos de cartas.

No final de muita investigação e muito activo contacto com a questão, no País e no estrangeiro, chegámos a dois teoremas, embora só tendenciais: Pouco estudo é propenso a levar a posições anti-Constituição europeia, e muito estudo parece fazer compreender a sua importância e urgência. Mas também pouco estudo conduzirá muitas vezes a aceitar acriticamente tudo o que venha de fora, e muito estudo obrigará a passar tudo pelo crivo da análise crítica. Há ainda casos de adesão ou repulsa que nada têm a ver com o assunto. Reveladora seria uma psicanálise do (anti)europeismo.

Além do estudo, está ainda uma outra dimensão, ideológica: um europeísta será sempre europeísta, um anti-europeísta será sempre anti-europeísta. Por muitas voltas que se dê. É uma questão de crença, de convicção, de fé...

Seria preciso agora um processo mais participado, mais democrático, quer nos meios como nos resultados. Sejamos claros: a única salvação para o projecto europeu não pode ser um pretenso *tertium genus* em que, no final de contas, os grandes mandem e os pequenos obedeçam (como ouvimos, qual dogma inquestionável, num congresso em Itália), mas a assunção de uma arquitectura institucional genuinamente federalista. Em que, por exemplo, enquanto nos órgãos executivos se decidiria por maioria de votos (não só ponderados pelo factor "população"), numa das futuras câmaras legislativas se faria ouvir em pé de igualdade a voz de todos os Estados membros, e de cada um.

Por outro lado, colocam-se problemas procedimentais ou de poder constituinte. Como vai agora decidir-se sobre a Constituição? Qual o papel dos referendos?

Ao contrário do que advogámos no princípio desta polémica, há já uns anos, temos hoje as maiores dúvidas quanto à eficácia e à própria democraticidade do referendo. Os referendos são momentos de exaltação de exageros e divisões, em que argumentos demagógicos costumam ser esgrimidos, e em que o cidadão comum, que não é especialista, se arrisca a ser enleado e arregimentado. Máquinas de propaganda experimentadas e agindo com conhecimentos de ciência e experiência, sabem bem dos pontos fracos passionais dos vários indivíduos e grupos e exploram-nos.

A Constituição Europeia é uma necessidade simbólica, política e mesmo administrativa – dada a qualidade positivista pedestre da maioria dos burocratas, que são formados sem cultura e sem rasgo, incapazes de compreender o que vá além da letra da norma imediatamente aplicável. E com os cursos universitários volvidos cursos breves, sob a capa de "Bolonha", será cada vez mais assim.

Tudo aconselha, por conseguinte, a uma Constituição clara, mas pormenorizada. Talvez não apenas Constitucional, mas também administrativa (como aliás já era o projecto).

Tudo aconselha, ainda, a uma Constituição que se decida quanto aos valores: são os do Preâmbulo geral, ou os do Preâmbulo da II Parte? Ou uma síntese de ambos?

Tudo aconselha a uma Constituição dos Povos e dos Cidadãos e não dos comités políticos, e sobretudo dos directórios. Não haverá Europa com nações de primeira e nações de segunda.

Por outro lado, há que tirar as lições das negativas dos referendos francês e holandês, e sobretudo do primeiro. Aí, o "não" ganhou por uma coligação fortuita dos nacionalistas mais retrógrados e dos anti-neo-liberais mais decididos.

Sem que jamais se possam converter uns e outros a uma solução de compromisso, como tem de ser a europeia, poderíamos seriamente pensar em uma Constituição que não esquecesse tanto, como o projecto, a dignidade das pequenas nações (em território, população e riqueza), como a nossa. Ao menos segundo pensaram uns tantos. E não fosse tão pouco garantidora do Estado Social e do modelo social europeu como ameaçava ser o projecto. Pelo menos na perspectiva de alguns.

Porque além dos grandes valores democráticos que se podem resumir no mega-valor ou valor superior da Liberdade, há também valores sociais e com dimensão económica, que se resumirão no valor superior da Igualdade, que por vezes assume as vestes de Fraternidade, Solidariedade, e até Justiça (social).

Ora a síntese que se tem de procurar não é apenas a de um equilíbrio de poderes. É também de um equilíbrio de valores.

E não se pode advogar um aprofundamento constitucional democrático, social e cultural, assim como uma plena vigência do Estado de Direito ao nível interno dos diferentes Estados-membros da União Europeia, e simultaneamente aceitar com placidez nesta última o *déficit* democrático, o fim ou a severa limitação do "modelo social europeu", a tecnocracia anti-cultura e o primado da gestão e a obececação com o *déficit* financeiro sobre os imperativos do Direito e da Justiça.

Pensar constitucionalmente já se deve fazer, hoje, pelo menos a dois níveis, em Portugal: o estadual, que, entre nós, é também nacional; e o europeu. E devemos fazê-lo coerentemente. Oxalá esteja para breve uma real segunda oportunidade da Constituição Europeia. Como segunda oportunidade para a própria União Europeia.

2. Crise e Cidadania

2.1. LIMITES DA CIDADANIA: VIOLÊNCIA E CRIME

2.1.1. A ordem reina em São Paulo

Costumamos fazer um pequeno teste aos nossos alunos. Submetemos-lhes à apreciação o seguinte texto:

> "Sem a Justiça (...) que são os reinos senão grandes bandos de ladrões? E o que são bandos de ladrões senão pequenos reinos? Porque se trata de uma reunião de homens em que um chefe comanda, em que um pacto social é reconhecido, em que certas convenções regulam a partilha do produto do saque. Se esta quadrilha funesta, recrutando para si malfeitores, cresce ao ponto de ocupar um país, de estabelecer postos importantes, de tomar cidades, de subjugar povos, então arroga-se abertamente o título de reino, título que lhe assegura não a renúncia à cupidez, mas a conquista da impunidade. Foi um dito certo e de espírito o que a Alexandre Magno respondeu um pirata caído em seu poder. 'Em que pensas para infestar o mar?'– questionou o monarca. "E em que cuidas tu para infestar a terra?' – retorquiu o pirata, com audaciosa liberdade. 'Mas porque tenho uma pequena frota, chamam-me corsário, enquanto tu, por teres uma grande marinha, dizem-te conquistador'".

Não poucos dos nossos estudantes tendem, não sem algum acerto, a atribuir este texto a um revolucionário ou anarquista qualquer. E contudo ele não é senão um capítulo da *Cidade de Deus*, obra de Santo Agostinho, bispo de Hipona (sécs. IV e V d.C.).

Poderíamos ficar hoje por um apelo à meditação deste texto.

O que se passou na sublevação de São Paulo foi um desafio às nossas certezas particulares sobre o Estado e o Direito. Já não é só a realidade de um Estado que não consegue entrar em favelas, nem dominar o crime organizado, de si difícil de aceitar. É a vergonha de um Estado do qual (seja verdade ou mentira) se diz que tem de negociar com o lado de lá da Lei para obter a Ordem.

O governador de São Paulo (Cláudio Lembo, do PFL agora partido "Democratas") recusou, com brios galhardos de defensor do federalismo, o apoio de Brasília para debelar a rebelião (ao contrário do que, já em 2007, haveria de suceder por apesar de tudo menos tumulto, no Rio de Janeiro), contra a opinião pública paulistana, que massivamente queria ordem nas ruas, não lhe importando quem pagasse o ordenado à polícia ou ao exército pacificadores. Recusou a declaração do "estado de defesa", que constitucionalmente permitiria suspender algumas garantias para agilizar o processo de normalização. Contudo, não pôde deixar de passar pelo vexame de ficar sob suspeita de ter negociado com criminosos. Evidentemente, as várias instâncias estaduais envolvidas negam tal coisa. Mas a suspeita tem sido repetidamente deixada no ar. Por exemplo, na "Folha online" (http://www1.folha.uol.com.br/folha/cotidiano/ult95u121602.shtml), em artigo assinado, pode ler-se: "O comandante-geral da PM (...) negou nesta terça-feira que o governo tenha feito um acordo com o líder do PCC, (...) o Marcola, para que a série de rebeliões e ataques ocorrida no Estado terminasse. Ele, porém, admitiu que houve uma 'conversa' com o preso no domingo (14)".

Das duas, uma: ou não houve negociação, nem cedência, e os *media* passam a ser outro elemento que desafia a autoridade do Estado, propagando uma grave calúnia, que coloca em risco a sua credibilidade, e como tal lhes deveriam ser pedidas contas, ou então, pelo contrário, são os piratas que começam a ter uma frota que se começa a medir com a marinha de Alexandre Magno – e o imperador vacila.

A responsabilidade não é toda de quem ocupa circunstancialmente a cadeira de governador, aliás em substituição de um governador que há pouco saíra à conquista (frustrada, se viu depois) da eleição presidencial contra o Presidente Lula. A montante de tudo está uma sociedade inigualitária gritante, em que o crime é a válvula de escape para uma pobreza extrema, a par de uma riqueza e de uma corrupção insultantes.

O sociólogo francês Loïc Wacquant vaticina, e bem, o regresso do tumulto, se não houver uma efectiva mudança social. Não, sem dúvida, o "choque de capitalismo" que preconiza o saído governador, e ex-candidato presidencial Alckmin (do PSDB). Mas, pelo contrário, um "choque social".

A calma, mas com convicção de que se vive sobre um barril de pólvora, regressa às ruas de São Paulo. Lembramo-nos de um artigo de Rosa Luxemburgo "A Ordem reina em Berlim". Por que transformações passou o Estado e a autoridade! Então, era o afogar em sangue da rebelião política. Aqui, ao que se diz, é o negociar fardas de nova cor e televisão para os presidiários, que comandaram uma rebelião a partir das cadeias, por telemóvel. Marx tinha quase razão: a História repete-se, da primeira vez como tragédia e da segunda como comédia. Mas não, afinal não tinha razão: a comédia é mais trágica ainda...

2.1.2. Vêm aí os bárbaros?

Não esquecemos a sublevação criminosa em São Paulo, seguida de vandalismo. Nem as vagas de vandalismo em Paris, pouco depois. E repetidos várias vezes, e simbolicamente após a eleição presidencial de Sarkozy. E mais tarde o caos no Rio. E por outros lugares... Virá aí uma nova barbárie?

Tudo pode ser visto pelos óculos coloridos do optimista ou pelos desencantado olhar do pessimista. Os velhos do Restelo dirão que são os próprios pilares da nossa civilização a claudicar. E poderão culpar mil *pecados* pelo facto, desde a democracia à abolição da pena de morte. Outros, discípulos de Pangloss, assegurarão que se trata de fenómenos pontuais, erupções normais em sociedades urbanas, mas tranquilizam-nos sempre quanto ao futuro.

Não acompanhamos nem uns nem outros. Acreditamos que estes males não advêm da Modernidade em todas as suas emancipações legítimas, mas tememos que, se nada se fizer contra a pobreza, a exclusão e a falta de alma e incentivo de muitos sectores sociais, a começar pelos jovens, realmente será a catástrofe.

As nossas sociedades pluralistas, sendo as melhores que se conhecem, têm contudo errado profundamente em dois terrenos, aliás conexos, por perigosíssima demissão dos Estados, hoje tão unanimemente tão neo-liberais, mesmo quando se pintam de outras cores.

O primeiro erro é a incapacidade de integrar socialmente. Não só se não conseguiu ainda uma bem sucedida fórmula de integração de minorias nacionais, culturais, de género, ou etárias. Também não se está a alcançar a plena cidadania de quem não encaixa em nenhum dos factores normais de discriminação ou exclusão, mas é, simplesmente, pobre e alheado de saber e poder. O grande problema é a (re)distribuição: da riqueza, sem dúvida; mas também da educação, da cultura e da participação política – todas no mais lato sentido.

O segundo erro é a falência educativa e cultural. Não se adoptou ainda um modelo de educação capaz de criar cidadãos conscientes e politicamente esclarecidos e interventivos, culturalmente formados, e com capacidades técnicas aptas à profissionalização. Se tal se tivesse alcançado, haveria muito menos desemprego, desencanto, droga, violência. Fica-se com a sensação de que a educação que temos serve para muito pouco. E logo os neoliberais vêm dizer que é muito cara. Realmente é cara para o que alcança; o que não quer dizer que não se deva gastar (bem) ainda muito mais para conseguir muito mais e muito melhor.

Fomos habituados, na nossa formação judaico-cristã, com uns laivos de *hybris* grega, a procurar a culpa. Vamos então à culpa.

A culpa parece-nos pertencer não só ao Estado (que se deveria, desde logo, assumir como educador cívico e deixar-se de complexos manietadores), como a alguns (só a alguns!) professores (culpa pela falta de auto-formação; muitos já foram academicamente pouco formados).

Mas (e nisto não há *laxismo*, pelo contrário) há profunda culpa em toda a sociedade enquanto educadora.

A mentalidade *passa-culpas* progride; mas quem se sente com autoridade para corrigir outrem? Mesmo normas da mais elementar urbanidade deixaram de ser óbvias: tais como responder a uma carta, ou cumprimentar na rua um colega... E, por paradoxo, há quem se sinta gravemente insultado por pequeninos nadas...

A nossa sociedade perdeu a noção das proporções. Tudo começa na linguagem, e, nesta, no enquadramento que uns dos outros fazemos, pela palavra: esfaqueia-se por um piropo lançado à namorada, mas há quem se insulte diuturnamente como forma habitual de tratamento. Ignoram-se as subtilezas dos vocativos e dos títulos. As Senhoras portuguesas, habituadas ancestralmente ao "Senhora Dona" não têm calafrios quando as tratam apenas por "Senhora Fulana ou Senhora Beltrana"? Alguém consegue ver-se a si próprio quando é chamado, por uma voz de silicone, por "Senhor utente"? E, numa empresa privada ou instituição pública, quem pertence ao quadro e trabalha no duro, poderá reconhecer-se quando o dizem e o paresentam publicamente, até em documentos oficiais, como um simples "colaborador"? *Flexi-(in)seguranças*?

Tudo começa na escola, onde parece não haver coragem de dizer que o vocativo *"Se tôr"* (corruptela "Senhor Doutor") é palavra que não existe... Há pequenos nadas simbólicos da degradação de uma profissão nobre, como a docente, mas que precisa de se dar ao respeito: com dedicação e excelência e não com pose e prosápia (a forma actual de as pessoas julgarem que se impõem).

Quantos de nós, perante um(a) garotinho(a) malcriado(a), exercemos o nosso dever cívico de, à falta de pais e autoridades, ao menos lhe darmos um correctivo verbal? Não é um estado de necessidade cívico (e uma obra de caridade moral) corrigir os que erram? Reconhecemos que é hoje também um sinal de coragem. Pois se nem quem tem essa função ousa fazê-lo...

Os bárbaros já estão aí. Somos nós que os criamos e deixamos que proliferem. Eles são como nós: da nossa gente (quer queiramos, quer não), nados e criados aqui. Mas alheios aos valores e às simples normas de trato social, que detiveram, como dedo no dique, as águas revoltas da anomia social, e foram um dos mais sólidos esteios dessa normatividade "espontânea"(vemos agora que afinal era tudo muito cultural) sem a qual o Direito se encontra em sérios apuros de efectividade. Em suma, sem Educação em sentido lato, não pode haver ordem, sociedade ou Justiça. Nenhuma delas.

2.2. LIMITES DA CIDADANIA:
Ineficiência e laxismo institucionais

Parece haver uma maldição votada a algumas instituições. Por muito justas e democráticas que sejam. Uma delas é a figura da "Comissão". O que se passará, entre nós, com a "Comissão"? Que regularidade é esta de, mudando regimes, constituições e governos, sempre desaguarmos nas Comissões e nas suas desventuras?

Diz a caturrice popular, desconfiada de todos os poderes, que quando se não quer que algum negócio público ande, seja produtivo ou conclusivo – nomeia-se uma comissão. Não será excesso de desconfiança?

Como é óbvio, nada temos contra nenhuma comissão. Nem estamos a pensar em nenhuma comissão em particular. Se mais abaixo referiremos algumas comissões, será por mero exemplo, e sem tomar qualquer partido. Gostaríamos, isso sim, de compreender sociologicamente o fenómeno: mais nada. De modo algum desejaríamos ser mal interpretado, como sendo anti-comissões... Não é disso que se trata.

A verdade é que não é só a *vox populi* que desconfia, entre nós, das comissões. Também subliminarmente parece que bastantes letrados desconfiam. Se nos dermos ao trabalho de compulsar algumas obras historiográficas que falam, ainda que incidentalmente, de constituição e funcionamento (e sobretudo obra) de comissões, lá no fundo, parece vir essa velha *moral da história*. Com comissões, pelo menos por cá, tudo parece acabar mais ou menos em nada. Ou em falta de coerência, ao menos.

Por exemplo, a revisão das Ordenações Filipinas ordenada por D. Maria só teria entrado nos eixos com a grande personalidade de Melo Freire (não foi bem assim, mas o mito assim o quer), e o nosso primeiro Código Civil só arrancou com o herói que foi o jurista conhecido hoje como Visconde de Seabra. Outros exemplos se poderiam dar, mas estes já são suficientemente míticos.

As Comissões – pensa-se muito frequentemente – discutiriam deleteriamente. Os grandes legisladores, esses, meteriam mãos à obra.

As Comissões – acredita-se, tantas vezes erroneamente e injustíssimamente, ao que nos dizem alguns "comissários" benévolos e até mecenas do Estado – fazem render o peixe do tempo, para ganhar ajudas de custo. Os grandes legisladores são abnegados, rápidos na execução, e muito mais baratos, se não mesmo gratuitos para o erário público. Estes e outros os lugares-comuns na matéria.

Mas o mais nítido é a improdutividade. "Acaba tudo em nada".

Se para comissões de produção legislativa é assim, imagine-se o que não será com comissões de inquérito. As comissões sucessivas de Camarate, só pela sua existência, aí estariam a atestar uma falência.

No Brasil, o mito parece também idêntico. Os escândalos do "mensalão" e afins com CPI dos Correios e outras, são a face visível de uma longa história de desconfiança face ao resultado de inquirições do género.

Ao ponto de haver no Brasil, creio que sobretudo de origem paulista, uma expressão que, além de duplamente saborosa, parece espelhar bem esta pré-compreensão popular do fenómeno naturalmente complexo da investigação parlamentar e afins: "Acaba tudo em pizza!". Pois, dê lá por onde der, tudo acabaria bem, sem resultados palpáveis, e à volta de uma confraternização jantante. A responsabilização seria coisa impossível...

Para entendermos melhor o significado deste moderno brocardo, deveremos talvez ir um pouco mais longe na investigação linguística e literária.

Não é tanto acabar tudo em "fraternal" comezaina. É o final não corresponder ao princípio, as conclusões não serem coerentes com os fins, e com o caminho.

E aí não podemos deixar de convocar os clássicos.

Horácio, no início da sua *Arte poética*, compara uma obra de arte, cujas partes não seriam entre si concordes, a uma bela estátua de mulher que terminasse em cauda de peixe. Acaba não em *pizza*, mas em peixe.

Desinit in piscem mulier formosa superne...

Na verdade, seria uma sereia? – não vem agora ao caso... Muitos interpretaram este híbrido como uma mostruosidade.

Não foram só Montaigne, ao falar sobre a Amizade, e Walter Scott, a fazerem reviver este passo do clássico. Também a linguagem popular brasileira no-lo recorda. Naturalmente sem o saber.

Portanto, tudo acaba em peixe ou em pizza: mas, em qualquer caso, não diz a letra com a careta – como diríamos por cá.

De lembrar que no tempo do romano Quintus Horatius Flaccus (64-8 a.C.) não tinha sido ainda inventada a Pizza... Mas acreditamos que as instituições romanas já teriam comissões, e de inquérito.

2.3. CIDADANIA E CIVILIDADE

Entre as maiores provas da existência de Deus, ou da Ordem cósmica, está o facto de, com tão má condução automóvel, não termos muito mais desastres.

Os acidentes estropiam, mutilam, matam... e decerto os vigilantes do universo que nos assistem preocupam-se e intervêm... Entrepondo-se milagrosamente no último segundo, para evitar choques de outro modo inevitáveis...

Identificam alguns os relatos de discos voadores com a iminência de catástrofes. A ser verdade, tal poderia significar que os nossos vizinhos do cosmos se preocupam com a preservação ecológica das espécies (mesmo as mais primitivas, como a nossa) no concerto do universo. Enquanto parecemos não querer tomar conta de nós, eles, discretamente embora, interviriam.

Se assim é, estamos tentado a fazer-lhes um apelo, porque há perigos para a nossa civilização que, parecendo coisas banais, se revelam fulcrais para o nosso futuro.

Basta sair de casa: escorrega-se em viscosas excreções que gente bem e mal vestida verte para o pavimento, com descontracção alarve.

Busca-se distracção num cinema: a barulheira, risos estrídulos e histriónicos, comentários obscenos ou simplesmente tontos, abundam, sem que haja gente adulta que os verbere, obviamente com medo de ser descomposta e quiçá agredida.

Em aulas: diz-se que "o mais difícil é senta-los". Imagine-se como deverá ser...

Nos restaurantes e cafés, mesmo nos mais categorizados: chega a ouvir-se conversas de fazer corar um marinheiro (citando o delicioso *My fair lady*).

Mesmo nos templos, e durante o culto: crianças andarilham, saltitam, reclamam, e choram, e telemóveis ajudam à missa com as mais despropositadas melodias.

Escreve-se uma carta a gente aparentemente civilizada, e não se logra resposta.

Até um convite fica sem retorno, seja a que propósito for.

Mesmo subordinados e colegas de trabalho não se cumprimentam fora dos edifícios dos seus serviços, e por vezes até nos seus corredores.

Os livros ou CD's emprestados cão criaturas caídas no inferno: não voltam jamais.

Não falemos já da criminalidade adolescente e pré-adolescente, que aterroriza as nossas escolas ou as suas imediações, começando em surras e roubos de telemóveis, início de promissoras carreiras criminais. Nem crianças que já sonham com ser bandidos "quando forem grandes", porque "profissão de sucesso".

Andamos tão preocupados com sofisticadas doutrinas pedagógicas, mil provas e avaliações aos professores, feitas por Gregos e

Troianos, cheios de projectos, ideais, quimeras... ou já sem nenhumas, pois novidades para *épater le bourgeois* só mesmo ao burguês maravilham. Mas esquecemos o mais elementar dos elementares: a Educação.

Muitos ministérios pelo Mundo fora assim se chamam. Mas de Educação têm pouco. Farão algum esforço com a "instrução"; mas da mais elementar educação, a do trato social, deixaram de curar.

Compreende-se que os professores se sintam pouco à vontade se um aluno se lhes apresentar na aula visivelmente drogado, ébrio, descalço, em trajes menores, munido de café e bagaço, ou o usando vocabulário outrora atribuído à estiva.

E tanto mais embaraçados ficarão quanto maior for o seu grau de sensibilidade, o seu pudor, o rigor da sua educação e dos seus princípios, o seu ideal de Escola, etc.

Muitos acham que não é dever da Escola essa educação "vital". Não deveria sê-lo. Mas em sociedades a caminho da anomia, já só salvas pelos anjos da guarda sociais, as famílias deixaram claramente de exercer essa sua função... Vai então o Estado continuar a fingir que acredita nelas para ministrar precocemente este tipo de educação, civilizacional? Porque de recuo civilizacional se tratará, se até pseudo-elites intelectuais, sociais ou políticas não souberem o mínimo de "maneiras".

É claro que há uma enorme componente social, contextual, de tempo e de lugar, nestes usos e costumes. Mas alguns tem que haver. E nem todos são iguais.

No nosso contexto, não será melhor que se coma com faca e garfo que à unha e à dentada? Mais correcto e valioso saber saudar quem conhecemos e por nós passa que ignorar toda a gente, num ensimesmamento imperial, ou misantrópico? Praguejar ou usar linguagem vulgar não será ao menos inestético, se não for, em alguns casos, delituoso?

A rudeza e boçalidade que nos invadem são tão perigosas como os acidentes de viação.

Já António Sérgio dizia que lutar contra a ignorância era tão importante como opor resistência a uma invasão. Não se trata de conservadorismo, mas de sobrevivência social e histórica, necessariamente inovando.

Se os Estados não travarem, e depressa, esta barbarização, só nos restará apelar para os anjos, ou para os marcianos.

A base da Cidadania, em que naturalmente se inclui o respeito pelos direitos dos outros, está, sem dúvida, numa consciência da Liberdade, da Autonomia, e na capacidade para agir na Ágora. Mas a par dela há um mínimo verniz social que se confunde até com aspectos da dignidade do Cidadão. O Cidadão digno, recto, probo, é o que pratica a urbanidade. E a simpatia e a prestimosidade estão do lado da solidariedade e da fraternidade; não da subserviência.

2.4. CIDADANIA(S), VIRTUDE(S) E UTOPIA(S)

2.4.1. Apagada e vil tristeza

Um dos traços de carácter negativo que Pascoaes viu na nossa compleição moral foi essa "apagada e vil tristeza" de que Camões já falava n'*Os Lusíadas*.

Não se dá entre nós ainda, e infelizmente, o suficiente valor aos psicólogos e aos psiquiatras. Uns e outros poderiam acudir-nos em muitas coisas. Hoje, seriam da mais inestimável valia, porque algo está mal – e será em parte do seu foro.

Os Portugueses *têm qualquer coisa*, estão com qualquer coisa... Comparemos, se quisermos proceder cientificamente.

Quem, com olhos de ver, olhar os nossos comuns concidadãos e os comparar com os demais europeus, ou os outros lusófonos, necessariamente suspeitará de algum problema do foro psíquico. Não se afirma que sejamos todos loucos, ou desarranjados. Não. Mas estamos com algum severo problema colectivo, e que é um problema da alma.

Andamos tristes. Andamos quezilentos. Andamos desesperançados.

Temos a mania de que somos (cada um de nós) muito, muito importantes.

Uma sociedade sem alegria estiola e caminha para a morte.

Uma sociedade sem tolerância e sentido de humor não tem válvulas de escape: é um barril de pólvora.

Uma sociedade sem esperança é um beco sem saída, uma prisão grande.

Pessoas que não se sabem rir de si próprias, que se levam excessivamente a sério, e que seriamente crêem, cada uma e todas (ou quase todas: sejamos justos), que são as melhores do mundo tornam-se, realmente, ridículas.

E o País nem está assim tão mal... Tem-se hoje a sensação que mesmo as medidas de grande rigor e austeridade doerão agora para salvar o essencial. Tem-se a sensação de seriedade na condução dos negócios públicos. Tem-se agora a sensação que deixou de se brincar em serviço. Bem ou mal, mas deixou. E isso já é um bem.

Mas a apagada e vil tristeza vem de há muito. Dela falava já Camões. Não pode, porém, ser um traço de carácter português. Não nos devemos conformar com tal fado.

Já que ficou a moda política dos "choques", proporemos então alguns.

O primeiro é o choque do parar. Vamos parar para pensar, e para sentir.

O segundo – inspirado na prevenção rodoviária ainda – é escutar e ver. Escutar os outros e escutar-se a si mesmo. E ver o que está em volta, e ver-se ao espelho. As coisas podem não estar, para todos, um mar de rosas. Mas – aí o terceiro choque – tudo será melhor se, em vez de intrigarmos, remoermos, criticarmos sem avançarmos propostas construtivas, começarmos a consertar as coisas: começando pelo nosso canteiro. Começando por nós.

São tudo receitas consabidas. Mas temos muita dificuldade em colocá-las em prática. Destes choques naturalmente desabrocharão esperanças. E essa seiva vital irrigará a nossa acção e far-nos-á mais alegres, mais diligentes, mais tolerantes, mais capazes de solidariedade.

Mas, para que todas estas receitas funcionem, a raiz de tudo está na nossa visão do mundo, nos nossos valores, do que queremos, afinal, da vida. Temos andado mergulhados num materialismo dementador, mesmo aqueles que tinham obrigação de cuidar do espírito.

Medimos tudo pela quantidade e a qualidade escapa-se-nos.

Preocupamo-nos em demasia com a nossa carreira, a nossa posição, a nossa reputação, a nossa conta bancária.

E sentimo-nos sempre injustiçados porque o vizinho ou o colega não merecia e teve e tem e terá (ou talvez já tenha) o que nós não temos. Normalmente, algo de verdadeiramente fútil, e que desprezaríamos se tivéssemos.

Tudo isto já foi dito, mas só compreendendo que temos que inverter o sentido desta patologia poderemos esperar ainda alguma salvação.

Conhecemos um professor, que chegou ao topo da carreira na sua profissão, outrora cobiçada e prestigiadíssima (hoje – ai de nós todos – nem por isso).

Sabem do que mais gosta? Conseguir sair ainda com sol, atravessar as ruas do centro da cidade ainda com gente, e tomar um táxi para casa na Avenida. Esse passeio, como que "descida ao povoado" recupera-lhe a infância. Isso lhe dá forças sagradas e telúricas, e propicia-lhe até inspirações académicas insuspeitadas...

Mas quantas vezes o consegue ele pôr em pratica? Raríssimas. Algo está podre no reino da Dinamarca que não lhe deixa sequer fruir esse passear que não custa nada. Algo está apodrecendo nele que não consegue dar-se sequer esse passeiozinho de fim de tarde antes de voltar para casa...

Compreendemos assim Mia Couto, esse privilegiado observador lusofonia, criativíssimo autor, agudo observador:

> "No final, não temos muito mais do que isso: a cidade da nossa infância. Dizemos com maiúscula: a Nação, o País, a Aldeia Global. São conceitos. Não vivemos neles. Eu, hoje, nem uma cidade ambiciono. Me enche de saudade é um pequeno bairro, um simples muro onde me possa voltar a sentar com meus amigos de infância".[8]

2.4.2. Da inveja como instituição

Vivemos num país de invejosos. Todos os grandes analistas da nossa compleição moral o disseram. Dissemos já que Teixeira de Pascoaes claramente colocou a mão na ferida, n' *Arte de ser Português*. Também o faz neste aspecto. A nossa inveja congénita e hereditária exerce-se naturalmente face ao irmão, ao vizinho, ao colega (esse *oficial do mesmo ofício* que, a crer num nosso ditado, é o *pior inimigo* de cada qual). Boa parte das nossas conversas são relato das maldades de que somos vítimas por parte de cretinos encartados, ou do "vidão" de que o próximo (ou o distante) usufrui – sem qualquer mérito, claro está. Mesmo daqueles a quem chamamos "amigos" reclamamos, sobretudo se os não podemos lamentar...

---

[8] COUTO, Mia. *Pensatempos*. 2ª ed. Lisboa: Caminho, 2005, p.153.

Se vislumbramos relva verde ou camisa lavada do lado de lá do muro, roem-se-nos as entranhas. Se descortinamos carro novo, aparelhamos de pronto a intriga. Se vemos erguer-se casa, então rumina-se grossa calúnia, com todas as artes do D. Bazílio do *Barbeiro de Sevilha*. Nem falemos se vemos iate por aí...

O mais irónico, tragicamente irónico para alguns, é que muitas vezes os invejosos de plantão invejam o que sonham ser uma grande vida, uma carreira fácil e dourada, sem a mínima noção de que invejam por invejar, e não exercem o seu vício relativamente a nada que merecesse a pena. Pelo menos do seu ponto de vista interesseiro.

Há invejas institucionais e instituídas, rotineiras, em que até pessoas de relativamente boa índole e de inteligência moderadamente superior naturalmente caem. Por vezes, essa inveja não é sequer representada como tal, mas até, ao invés, é assumida como boa consciência, imperativo moral, manifestação da mais profunda ética. O invejoso muitas vezes aparece empunhando a espada flamejante do moralista. Uma balada de George Brassens alude a uma das manifestações (apesar de tudo, das mais inocentes) dessa inveja: a inveja votada aos namorados nos bancos de jardim...

Os Portugueses, imersos em banhos de demagogia de há muitos, muitos anos, têm sido incentivados a cultivar essa inveja, que já está na sua índole, por muitos *opinion makers*, ávidos de escândalo e de "sangue".

A demagogia é antiga; a demolição da História é relativamente mais recente. Assistimos (em vários países, seja dito) ao denegrir dos grandes mitos, quer os pessoais (heróis), quer os institucionais (órgãos de soberania), quer os factuais (fastos da História). A desmitificação das mentiras e das ideologizações perversas da História é tarefa desconstrutora de libertação. A história oficial do tempo do Estado Novo era uma fábula caricatural. Contudo, tem havido muita demolição cega, de que resulta não só uma terrível falta de auto-estima dos povos, como um enorme desrespeito pelas instituições – que, neste vendaval, pareceriam todas falidas, corrompidas, e ocupadas por quem não merece. E tal está longe de ser inteiramente verdade.

Tendo esquecido a importância das elites (não dos tiranos e tiranetes autoritários ou totalitários que sempre pululam por aí à cata do seu combustível vital, o poder), somos presa fácil. Acreditamos depressa demais em pseudo-gurus, pseudo-sábios, pseudo-técnicos, enfim, o nosso sebastianismo faz-nos tomar a nuvem por Junho em qualquer manhã de nevoeiro. Temos necessidade de acreditar. É humano.

Não raro, parece que há quem queira que certas profissões ou actividades sejam invejadas, fazendo-se esquecer outras, que vivem bem melhor e fazem menos... Políticos, juristas e professores são alguns dos bodes expiatórios actuais.

Inveja vã, em muitos casos. O problema de muitos dos que estão nessas actividades invejadas é que, mesmo com todas as suas agruras, gostam do que fazem, ou crêem que têm o dever de prosseguir. Quando é tão mais cómodo o emprego das 9 às 5, sem nada para pensar depois, férias inteirinhas de um mês, e ordenado certo... Vida que, todavia, parece aos mais criativos excessivamente rotineira, e por isso não é por eles invejada...

Quando a inveja alimenta, pode-se mesmo extravasar para movimentações políticas populistas graves: se as democracias não conseguem suficientemente alimentar estômagos e "egos", clama-se então por um poder forte e restrito (uma ditadura é sempre niveladora) que humilhe os grandes, ou os que se julga ou se quer fazer crer serem-no. Os que alguns querem que se pense que o são, passarão a fáceis alvos e bodes expiatórios.

Por detrás de uma ditadura há quase sempre um grande movimento de inveja, e o ditador tem, na sua psicologia, quase sempre profundos traços do invejoso. Ao cuidarmos de minorar as invejas pessoais estaremos a fazer profilaxia precoce de graves delírios colectivos.

2.4.3. Profissionalismo e trabalho em equipa

Portugal tem coisas excelentes. A melhor não é sequer o clima ou a paisagem: é a nossa capacidade de criticar e de sonhar ao mesmo tempo... Viu-se no *Mundial* de Futebol de 2006, para dar um exemplo "popular".

Se temos um Scolari a galvanizar-nos (como miticamente tivemos um Infante Dom Henrique) conseguimos grandes coisas, e só nos levam a palma com grandes penalidades, de que, aliás, muitos duvidam – atentos e críticos. *Felipão* é um mágico da comunicação e da liderança. Falta-nos gente assim: quem lidere motivando, sem se tornar cara de pau, bacoco, tiranete...

Não nos vendem facilmente *gato por lebre*, e nem por isso nos amesquinhámos no cálculo ao ponto de deixarmos de ter como horizonte os impossíveis. Somos o único Estado do Mundo a ter na bandeira nada menos que a esfera armilar: não é o Planeta, é o Universo que queremos tomar no nosso abraço!... Seria um crime, por mania politicamente correcta, mudar a bandeira. Tal como o nosso hino, ela espelha os nossos sonhos. O Brasil também tem uma bandeira universalista e cósmica, como se sabe. Países irmãos...

Mas (lá vem a auto-crítica), se possuímos muitas coisas excelentes, temos também muito de negativo, que nos pode ser fatal na selva da concorrência económica global.

Uma das coisas bastante prejudiciais que ainda temos é a falta de profissionalismo. É ver a maneira pachorrenta, desprendida, preguiçosa e entediada com que tantos "trabalham".

Vivemos em Portugal em vários universos paralelos: uns, têm o relógio acertado pela preguiça, outros por um frenesim dementador. Mas nem uns nem outros colhem os frutos do que fazem, nem o resultado é positivo.

Os calmos e distendidos normalmente não retiram do seu trabalho a fruição da arte, da paciência, da dedicação pessoal aos seus clientes ou à sua obra. Normalmente, são apenas preguiçosos, e muitas vezes radicalmente incompetentes.

Os frenéticos não chegam também a ser eficazes. Normalmente são dispersivos, ansiosos, autoritários, envenenando a vida dos outros, e esgotando e consumindo a sua sem glória, e, afinal, sem tanto proveito material assim, porque, salvo uns *happy few*, todos ganhamos pouco.

A vida dos frenéticos, dos *alcoólicos do trabalho*, é um inferno, pela sua própria maneira de ser, mas também porque, num país como o nosso, não conseguirão nunca impor o seu ritmo ao *moita carrasco*, *esperteza saloia* entranhada e *ronha* antiquíssima dos demais, que "não vão lá nem fazem minga". Efectivamente, os preguiçosos têm uma liga de resistência tão forte e tão eficaz às loucuras laboralistas dos frenéticos como a aliança dos invejosos medíocres frente a quem tenha uma nesga de qualidade a mais.

E é o curto-circuito. Os frenéticos queriam um país direitinho e milhões de fazedores, pontuais, dedicados, capazes de ficar todos contentes até com diminuições de salários e garantias sociais, para bem da sagrada "Economia". Os dorminhocos pensam neste momento em férias, férias, férias, décimos terceiros e quartos meses... e uma reforma doirada. E não é só agora: é sempre.

Estamos com Agostinho da Silva. O Homem, considerava, não foi feito para trabalhar. E dizia-o com a autoridade de um *trabalhador* infatigável, que sempre foi! Contradição? De modo nenhum. É que há trabalho *tripalium*, instrumento de tortura, e há a actividade criativa, humanizada. Humanizada na relação do trabalhador com o seu objecto de trabalho e nas relações laborais pessoais, desde logo as hierárquicas.

E aí é que vem o problema. Os nossos preguiçosos, esperemos, são nostálgicos de um trabalho humanizado, em que havia camaradagem e se faziam coisas gratificantes. Fora extremos, o problema do preguiçoso é a motivação. Falta-lhe um Scolari (e prémios nas vitórias).

Os frenéticos, que querem todas as tarefas feitas para anteontem, sempre criticam ou ironizam com o trabalho dos demais, e ignoram a deontologia, não são a vanguarda de heróis do trabalho que o país precisa. Deveríamos condená-los a ter umas férias. Porque o trabalho desses apressados, cínicos, desumanizados, máquinas de produzir, é infeliz e potenciador de infelicidade.

Somos um país de absentismo, baixas médicas, desalento, tristeza. Acreditam que somos um povo degenerado? Onde está, no trabalho, o povo que vibrava no Mundial? Só quereremos pão e circo?

A explicação é outra. Trabalhamos pouco e mal por termos, em geral, ao nível *micro* muito maus líderes, péssima organização do trabalho, desconhecimento da ciência das relações laborais, dos recursos humanos, da gestão do pessoal, da satisfação no trabalho. E muita burocracia.

Quando levarmos uma *chicotada psicológica* a sério, passaremos a marcar golos. Até lá, é aquela "... apagada e vil tristeza", de que já falava Camões... Salvo no Futebol, quando acreditamos e nos fazem acreditar.

Temos pessoalmente muita condescendência para com os plácidos e pachorrentos. Acreditamos que, como dissemos, em geral, são pessoas pouco motivadas, a quem falta reconhecimento e estímulo pelas respectivas potencialidades. É conhecida a nossa desafeição aos *serial killers* do trabalho, que levam tudo de vencida para atingirem o topo, assassinando pelo caminho, mais ainda que os outros, as suas vidas reais. Gente sem existência própria, são figurantes da mesmice da peça consabida: o ambicioso que esbraceja e esgadanha, e se não morre de enfarto, cedo (que será o natural), virá a apodrecer velho e sem afectos – e nada garante que rico.

Mas, com toda esta indulgência, às vezes não podemos deixar de nos irritar com os resultados da nossa *não aplicação*.

O cidadão enerva-se nas repartições públicas com burocracias e confusões. E justamente. Tem havido melhoramentos. Os lugares do Estado estão menos sinistros. Não nos admiraríamos que as televisões, que já há em Hospitais, se alargassem às Finanças. Os funcionários, mais novos, são mais simpáticos. Já não invocam tanto o "são *ordes*", embora continuem a ser legalistas como os seus avós... Ainda é uma tortura requintada lidar com a "Máquina".

Interessante é que também nas empresas privadas se faz sentir muito o fenómeno da desatenção pelo cliente. E não são só os empregados, como se diz em certas cartilhas. Até os patrões – fenómeno a estudar –, por vezes parecem estar a fazer-nos um favor. Desafio às teorias *empreendedoristas*! Serão reminiscências de tempos de foro nobiliárquico socialmente muito alargado (como apontava Antero de Quental), com concomitante desprezo pelo comércio? Serão avatares de tempos de esclavagismo? O fenómeno está aí, a clamar por análise.

Todos estes são sinais de uma desafeição pelo trabalho e pelo cumprimento do dever, que depois dá trunfos aos que caluniam os que verdadeiramente labutam e cumprem.

E como pode haver Cidadania sem que o trabalho seja verdadeiramente humanizado, e com respeito pelos direitos humanos e do trabalhador?

2.4.4. Crise e virtudes

Qual o primeiro problema de Portugal? A grandeza! Só somos capazes de fazer coisas grandes. As pequenas, desprezamo-las, e desistimos. Resolver Portugal com equação à medida, inevitavelmente pequena? Esquecem-se que nunca aceitamos a pequenez, e por isso fizemos as Descobertas.

Sabemos muito bem que não é inteligente, de bom-tom e politicamente correcto dizer bem de nós. Mais uma razão. Análises que medem inteligência e subtileza pelo grau de mágoas carpidas e de tijolos erguidos no muro das lamentações há que bastem. Podemos exportar.

Temos em Portugal gente honesta, inteligente, empreendedora, que consegue triunfar: jovens e menos jovens, músicos, artistas, escritores, professores, cientistas, empresários, esforçados e talentosos, premiados e consagrados internacionalmente. Porque, de há muito, nos exilamos colectivamente em Vale de Lobos, emigramos para Brasis, Franças e Araganças? Para poder respirar, sobreviver, triunfar. Há um peso qualquer que nos oprime aqui, e que, em contrapartida faz desabrochar e prosperar fora de Portugal os Portugueses amesquinhados e tolhidos em sua terra. É, evidentemente, a falta de espaço, e a falta de pão, o preconceito e a maledicência e o peso das máquinas burocráticas e das castas… Somos um país muito velho, em que há muitas rotinas e muitos poderes, muitas vénias a fazer e muitos interesses a acautelar. Demasiadas precedências, excessivas prudências.

Corrói-nos a inveja, a intriga, a cobiça, e tudo desagua no desânimo – bem o viu Pascoaes. Sabendo do que somos capazes, e vendo o que nos deixam(os) fazer, vivemos num complexo bipolar de inferioridade/superioridade, como observou Eduardo Lourenço. Maledicência e inquisitorialismo também nos minam a alma, e uma ancestral penúria e desigualdade materiais não deixam o corpo social desenvolver-se. Há quem tenha fome, frio e pobreza de corpo e sobretudo de alma. Receitas importadas, devotas da "teologia do mercado", quando carecemos ainda do básico social e cultural, dão mais dó que riso.

Falta ética e justiça, eficiência, profissionalismo, dedicação e solidariedade. E mais alma! Se tal for feito inteligentemente, sem abdicarmos dos nossos valores constitucionais e do modelo social europeu, sem nos transformarmos em autómatos formalistas e economicistas, aproveitando a experiência e recusando os erros dos outros, triunfaremos.

Olhemos o bom. Não teremos muitos queijos ou vinhos excelentes, mas temos os melhores do mundo; não temos muitas patentes, mas dos melhores inventores (e com meios escassíssimos), não somos muito traduzidos, mas temos a melhor literatura dos países pequenos, como disse Aubrey Bell. Há filosofia original que só agora começamos a reconhecer. Pode negar-se que arquitectos nossos são admirados no estrangeiro? Não há grupos de música lusitana a conhecidos em todo o mundo? E cineastas aplaudidos por essa Europa fora? Quem pode ignorar que temos uma cozinha e uma moda portuguesas?

E, mais que tudo, há a terra e as pessoas. Esse manto de tristeza atávica, que vemos reflectido nos rostos mal-humorados que, manhã cedo, enfrentam o trânsito, é fatalismo entorpecedor. Há dificuldades? Venham elas. E que sejam grandes! Elas nos transfigurarão!

2.4.5. A "utopia" de Grândola

25 de Abril é *Grândola*, espelhando igualdade "em cada rosto". Bela precisão do poema de José Afonso: trata-se mesmo de *igualdade*, e não de igualitarismo despersonificador – há-a em "cada rosto", logo, todos os rostos são *diferentes*. Sendo o rosto o mais próprio de cada um (lembremos Levinas), é uma Igualdade de diferentes, de Pessoas.

A Grândola mítica que é Portugal inteiro, seria também "terra da fraternidade", com um amigo "em cada esquina". Quase já nem sonhamos com a fraternidade, nesta sociedade armada, de *todos contra todos*, furiosa de competitividade. Como seria se a *amizade* tomasse a política, já teorizada como mera contabilidade de inimizades (à Carl Schmitt ou Julien Freund)?

Grândola é, finalmente, democracia, pois aí o "povo é quem mais ordena". E se ordena, vive em Liberdade. Pois não ordenam sobre ele.

Mas, como vai a nossa Grândola?

A Revolução de *25 de Abril de 1974* transformou um país a preto e branco, retrógrado, hipócrita, embalado por uma ideologia amesquinhadora, que fazia vício de virtudes pequeninas ("pobrezinho mas honrado"). *Império* realmente diminutivo: *Portugal dos pequeninos*, sistematicamente mistificado, iludido, privado da auto-compreensão, miniaturizado no idílico filme "O Pátio das Cantigas", pátria "sem dor", mesmo quando sangrava na guerra colonial. O *25 de Abril* abriu-nos a tela que encobria a realidade, e em grande medida ofuscou-nos: saímos da caverna.

A primeira grande conquista de Abril não traz felicidade nem tranquilidade: é a imagem real do País, é a possibilidade de atingirmos a maioridade enquanto cidadãos. Podermos falar, votar, tudo isso vem já depois da primeira ruptura: o quebrar das grilhetas mentais da menoridade que nos fazia *pensar às ordens*, através de uma escola e de uma comunicação social controladas, narcotizantes.

Falar de emancipação em 1974, dois séculos depois de Kant ter proclamado o Iluminismo (*Aufklärung*) precisamente como a saída da menoridade? Problema não é tanto a demora (a nossa Liberdade não nasceu aí: vem de longe, do fundo da nossa História, por vagas, e contudo por vezes recua), mas que ainda haja quem hoje não pense por si, e quem incentive a que se não pense. Quem o condene até, como pecado. Ainda há muitos rostos miméticos e cabeças colonizadas. Agrava-se a dependência: externa e interna; económica, mas também mental...

O *25 de Abril* abriu esperança na melhoria das condições de vida dos mais desfavorecidos. Porém, parece indiscutível que os ricos estão cada vez mais ricos e a classe média, esteio de qualquer ordem democrática, empobreceu. Certamente os pobres de ontem não serão todos os de hoje: mas há novos pobres, e muitos pobres envergonhados. Há meia dúzia de anos, um significativo balanço sobre a protecção social (de Pedro Hespanha e outros), *Entre o Estado e o Mercado*, tinha como subtítulo: "As fragilidades das instituições de protecção social em Portugal". Debilidade protectiva com insegurança no emprego são flagelos. Muito se foi fazendo; há imenso a fazer. O risco agora é de retrocesso, cativas que estão muitas elites do *salve-se quem puder* da teologia do mercado, doirado de ilusões como "iniciativa"e "liberdade de escolha"...

Acresce que as esperanças de Abril acordaram anelos escondidos, e, como não houve formação ética paralela, ao lado de reivindicações justas surgiu aqui e ali uma mentalidade sem consciência cívica, subsídio-dependente, e logo instrumentalizada pelos adeptos do neoliberalismo como argumento de uma pretensa "falência" do Estado social, o qual confundem propositadamente com Estado colectivista.

O *25 de Abril* permitiu o pluralismo partidário e a democracia, com todos os seus benefícios. O regime de parlamentarista mitigado tem cumprido o seu papel, resolvendo sem sobressaltos todas as crises políticas, o que só abona em favor da Constituição de 76, o grande testamento da Revolução. Contudo, são patentes o desencanto e o desinteresse dos cidadãos pela política e pelos partidos. Os políticos devem preocupar-se com este autismo social, procurar formas imaginativas de chamar as pessoas, sobretudo os jovens, mas também não podem fazer dele álibi para a inacção. Se cada um cumprir o seu dever, as pessoas recuperarão a confiança. Panaceias como círculos uninominais, injecções de independentes e afins não convencem ninguém. Sejam os políticos sabedores, prudentes, honestos e eficazes. Não funcionários e carreiristas, mas sérios e competentes, com realismo animado por ideais.

Grândola *recomeçou em 25 de Abril. Vem de muito longe. É mais velha que a azinheira "que já não sabia a idade". Grândola é essa "vontade" que alguns juraram "ter por companheira". Temos esperança em *Grândola*.

2.4.6. Universalismo Português

Vivemos um tempo desenraizado. Sem conhecimento histórico, sem hábitos de reflexão, sem memórias mesmo familiares e pessoais tantas vezes, muitos jovens vivem um presente que se escapa, um filme passado depressa demais. E tornam-se presa fácil de messianismos, extremismos, cartilhas.

Em Portugal, ganha ainda mais aguda razão o geral diagnóstico do grande humanista contemporâneo George Steiner: "Doravante, uma espécie de amnésia planificada permanece nas nossas escolas".[9] Disso já sofremos as consequências.

Seria importante levar muito a sério uma educação para a orientação dos jovens no Mundo. Assim se poderiam minorar a prazo fenómenos de barbárie bélica, racista, etc.

Cada Homem, se for integral e *orientado no Mundo* (para, sem rigor, parafrasearmos Kant), pertence a vários círculos. Sucessivamente se integra na sua família, na sua terra, na sua região, na sua nação, na sua civilização e no mundo.

O mesmo sucede com os povos. Os Portugueses são, antes de mais, Portugueses – diria *Monsieur* De La Palice.

São ainda Hispânicos (mas são-no de uma forma muito especial, como o viu o Professor Agostinho da Silva: sem iberismos descaracterizadores), Atlânticos e Mediterrânicos (ambas as coisas), Latinos, Lusófonos e Lusíadas (o que representa uma comunhão de alma e cultura por sobre a de língua) e Europeus, e decerto Ocidentais, e naturalmente cidadãos do Mundo. A sua permeabilidade ao *outro* e a sua identificação com o Humano, sem dúvida por vezes mitificadas, não deixam porém de configurar um universalismo português.

Os Portugueses compreenderam há muito tempo, e não podem agora vir a esquecer, que as grandes realizações culturais não são

---

[9] STEINER, George. *Os Logocratas*, trad. port. Lisboa: Relógio D'Água, 2006, p. 56.

fruto de *raças puras*, mas de *raças mestiças*. Não nascem de ideias assépticas no vácuo, mas do caldo de cultura no caldeirão das opiniões e vivências.

O grande diálogo civilizacional não é o da proliferação do marginal, mas o da compreensão entre todos. A matemática e a física ou a química não têm *raça*, são transculturais, e entretanto há filosofias nacionais, sem que por isso a filosofia deixe de ser universal.

Fomentar *ghettos* pode ser desagregador. Não podemos impedir nenhuma minoria de aceder ao universal: seria segregação. Por isso, no respeito pelo local e pontual com importância, tradição e mérito, que não atente contra valores universais (*v.g.* os direitos humanos), devemos, em Portugal, promover tanto a civilização universal como a regional (neste caso, a Europeia) e a cultura nacional, portuguesa. Importa mais articulação entre as culturas nacional, europeia e universal, assim como a compreensão do papel de *corredores de cultura* que deveremos privilegiar, como os lusófonos. E agora a grande oportunidade do corredor com o Leste europeu. Com a imigração simultânea de gentes dessa área cultural e do Brasil, de novo Portugal é lugar e agente de encontro. E só pode ganhar dessas confluências, se agir inteligentemente.

Portugal não tem uma cultura racista nem xenófoba na sua História. Contudo, parece haver alguns excitados em fazer crer que um factor da nossa modernização seria tornarmo-nos parecidos com esses países que têm sérios problemas multiculturais internos. É criminoso fomentar uma perspectiva racista: ao arrepio dos factos e torcendo as interpretações. Quando, numa notícia, se diz "um indivíduo de raça negra" fez isto ou aquilo de perverso, é todo o negro que sofre. O mesmo resulta quando se afirma terem prevaricado "um indivíduo imigrante de Leste", ou "um brasileiro", ou "um ucraniano", ou "um angolano"...

Os estereótipos propagam-se. Os taxistas (que tanto estimo) são uma dessas vias, além dos tradicionais meios de comunicação. Há dias, fiquei contente com a abertura de vistas do condutor: até simpatizava com os "alegres" e "passionais" africanos e brasileiros... Mas logo me desiludiu: desconfiava do alegado *olhar frio, glacial*, das gentes do Leste. Esses, assegurava-me, matariam *racionalmente, sem coração*. Procurei moderá-lo, mas o preconceito, uma vez instalado, é um vírus persistente.

Não há leis que, isoladas, eficazmente proíbam estas coisas. O erro aloja-se na alma, e dispara à primeira oportunidade. Todos temos, a começar pelos Pais, pelos Educadores, pelo Estado, de começar uma subtil, calma, mas segura, campanha permanente pela recuperação da nossa tradição cosmopolita e de compreensão e amizade com todos os Povos e Países e variedades de Mulheres e Homens nesse mundo. Ainda vamos a tempo.

Este é um caso típico em que a defesa dos Direitos Humanos, sobretudo dessas "minorias", implicaria, por um lado, um grande esforço oficial de Educação cívica (dos "nativos", naturalmente, sobretudo), como, por outro lado, um empenhamento dos particulares, cidadãos, e das suas organizações, em prol dessa mesma Educação, como ainda da defesa dos direitos dos potencialmente segregados. É isto *viver a Constituição* de forma muito prática. Viver os seus valores no quotidiano de uma luta que é política e é jurídica. Grandes desafios ao alcance de cada cidadão.

2.4.7. Universalismo lusófono e cidadania

Portugal é império de *universalidade*. Mas tudo se quer matizado e bem entendido. Não são só os Portugueses os bafejados com um espírito aberto, comunicativo, não-segregador.

E esse espírito pode até morrer quando o português se desenraíza, perde a sua tradição e cultura, convivenciais e conversáveis. Não é, pois, por se ter nascido em Portugal, por se descender de portugueses, ou se haver naturalizado português que se possui ou ganha tal espírito.

Alguns conhecidos e até celebrados portugueses não foram *verdadeiros Portugueses*. Por lhes faltarem as características criativas, plásticas, dinâmicas, adaptativas, e aventureiras dos Portugueses. O Velho do Restelo, personagem passadista e reaccionária d'*Os Lusíadas*, dificilmente será um vero Português. Ou então sê-lo-á pela outra face de Portugal: esse rosto "lunar" que obscuramente nos atrai para o abismo.

E há Portugueses que não o são de naturalidade, sangue, ou instituição, mas que comungam com o *arquétipo português* (disso afinal se trata) características relevantes. Há Brasileiros e outros Lusófonos (dos PALOP's, de Timor, de Goa...), assim como estrangeiros vivendo em Portugal (e até fora) talvez mais genuinamente *Portugueses* que certos cidadãos que reivindicam cumulativa nacionalidade de terra e quatro costados.

Mas deveremos aqui dizer mesmo *portugueses*? O prisma por que deveremos analisar esta questão não será tanto o da *portugalidade* (sujeita a aproveitamentos "nacionalistas"), nem sequer o da *lusitanidade* (limitada ao rectângulo europeu), mas o da *Lusofonia*. Compreendendo que a língua é mais que um simples veículo de comunicação: é uma forma determinante do pensamento e da idiossincrasia histórica, social e individual. Wittgenstein lembra que se falássemos outra língua materna pensaríamos de forma algo diferente. E daí a *Pátria como língua* ter pleno sentido.

Dizer-se *universalismo português* é apenas uma das faces do problema. Mais importa o universalismo dessa Pátria Maior que se exprime na Língua Portuguesa, ou, como cremos ter dito Saramago, dessas *várias línguas em português...*

A Língua Portuguesa é assim o símbolo e o signo de uma forma diferente de ver e viver o Mundo, em convivência, em diferença, em paz. Bastará olhar o gigantesco exemplo do Brasil, múltiplo e uno, para se compreender as virtualidades desse universalismo.

Sem negar estrangulamentos, curto-circuitos, crises: de que a criminalidade violenta é o mais chocante. Fruto porém de outro problema, que ainda não soubemos resolver: a profunda injustiça social. "Se os ricos não tratarem da saúde dos pobres, um dia estes tratarão da saúde daqueles". Não esqueçamos!

Povos bons, afáveis, que vivem a vida com naturalidade e que nas pequenas coisas encontram a felicidade possível, como os que falam Português, nem sempre estão aptos a lidar com o demoníaco fenómeno do poder. Tendem a acreditar demasiado, ou a alhear-se. Permitindo assim que nem sempre os mais competentes e os mais honestos decidam dos seus destinos.

É esse salto, da convivialidade e da bonomia para a exigência e para a vigilância (sem perda do sorriso) que importa dar, num esforço de Cidadania plena. Só a formação política, e a educação em geral, bases da acção cívica, permitirão reabilitar, nos países lusófonos, o prestígio da Política: e a eficácia e grandeza da sua missão.

Há custos: não poderemos continuar a cuidar apenas do nosso jardim. E sendo por exemplo Portugal dos países em que menos se dorme (e daí o humor estar a piorar), e mais Mulheres trabalham fora de casa, será duro o esforço de dar tempo à absorvente política. Mas ou cada cidadão compreende que tem o dever de se formar politicamente, e de participar (documentada, responsavelmente: pois o simples voluntarismo é fatal) na vida da Cidade, ou então poderemos continuar a ser simpáticos (cada vez menos, porque a vida não está fácil), convivenciais, bons anfitriões, convivas, gastrónomos, cantores repentistas, amigos sinceros e platónicos de todos os povos do Mundo – e contudo sofrendo o abismo sem fundo entre sociedade civil e "classe" política.

Que as náuseas que normalmente ocorrem a quem se abeira da política possam ser contidas. Não pela habituação, que seria cedência, antes com repulsa consciente mas não demissionária. Ninguém pense que é fácil. Dizia Shakespeare, no *Hamlet*, naturalmente em Inglês: ou suportamos a *fortuna* ultrajante, ou nos rebelamos contra um mar de adversidades (*a sea of troubles*).

Há génios universais em todas as latitudes: Shakespeare é um deles. E tal afasta todas as veleidades de um qualquer "universalismo" particularista: qualquer Nação é "todo o mundo a sós" (Fernando Pessoa).

Sejamos pois *Nós*, universalistas e cidadãos. Lembrando-nos do dilema do príncipe dessa Dinamarca que apodrece...

2.4.8. O paradigma "Direitos Humanos"[10]

2.4.8.1. Direitos Humanos: um suave milagre

Os Direitos do Homem (ou Direitos Humanos) são invocados hoje por Gregos e Troianos, *a propos et sans propos*, mas estão longe se ser algo de simples: não são mesmo nada simples. Nem como categoria do Direito, nem como invocação política. E só se compreendem nas suas lutas, práticas e teóricas, ou seja, na sua História.

Se hoje os Direitos Humanos acabam por ser a mais visível parte do Direito e a mais nobre modalidade da política, ainda há não muitos anos eram alvo de críticas da parte de grandes juristas, e se recuarmos mais ainda, tiveram grandes adversários, desde logo nos campos utilitarista, marxista e católico.

Assistimos, nos últimos anos, sobretudo depois da queda do muro de Berlim e de algumas ilusões, e após o pontificado de João Paulo II (embora já anunciados antes, *v.g.* com Paulo VI), a um fe-

---

[10] Convidado a proferir a lição de abertura da Escola Superior do Ministério Público, em Porto Alegre, propuseram-nos o tema dos Direitos Humanos. Eis um sumário dessa intervenção. Para mais aprofundamentos, FERREIRA DA CUNHA, Paulo. *O Ponto de Arquimedes*. Coimbra: Almedina, 2001; Idem – *Teoria da Constituição*, vol. II. *Direitos Humanos. Direitos Fundamentais.* Lisboa / São Paulo, 2000; Idem (org.) – *Direitos Humanos. Teorias e Práticas*. Coimbra: Almedina, 2003 (Prefácio de Jorge Miranda).

nómeno a que só podemos chamar "suave milagre dos Direitos Humanos". Retomando um título do Prof. Doutor António Reis, de saborosa inspiração queiroziana, cunhado a propósito das sucessivas e subtis conversões à nossa *Constituição*. Foi há 30 anos.

Chegou-se hoje a uma tal difusão das adesões aos Direitos Humanos que não poucos dos que os proclamam o fazem sob reserva mental, na mais declarada hipocrisia. O pensamento único e o politicamente correcto, para lá dos seus mil e um dislates, colam-se às ideias com boa conotação. E os Direitos Humanos soam bem, têm boa fama. Já que *a hipocrisia é o preito que o vício presta à virtude*...virtuoso parece ser esse "tabu" da intocabilidade absoluta dos Direitos Humanos. O problema começa quando se pergunta quais são esses direitos, como inter-agem, e qual o seu sentido profundo. Aí, os Direitos Humanos passam a ser Caixa de Pandora que alberga todas as esperanças de mistura com duvidosos interesses, sob capa de generosidades e de valores universais.

O primeiro passo a dar, depois da conversão aparentemente universal aos Direitos Humanos, é determinar-lhes os contornos, numa teoria de rigor, em que se possa fundar uma prática esclarecida e legítima.

2.4.8.2. Direitos Humanos e protecção da pessoa

Com todas as suas forças e fraquezas, os Direitos Humanos são a linguagem moderna do Direito Natural, isto é, a forma de conjugarmos hoje os verbos da Justiça. E na voz activa.

No seu entusiasmo, muitos ignoram ou esquecem que antes da técnica e da "religião" dos Direitos Humanos houve outras formas de protecção da Pessoa. Muito antes da revolução americana e da revolução francesa, com os seus escritos constitucionais de protecção proclamatória dos Direitos Humanos, antes mesmo da *Magna Charta* inglesa de 1215, já nos concílios de Toledo, sobretudo no IV (633 d.C.), desaguariam formas de protecção, as quais vieram a irradiar pela América Latina. Mas cuja posteridade não teve depois fortuna internacional, do mesmo modo que hoje um investigador lusófono, para ser reconhecido, tem de valer muito mais que um outro, falante do inglês como língua materna. Alguns dos nossos melhores referiram-se a esses velhos direitos: Antero de Quental, Oliveira Martins, Teixeira de Pascoaes, Jaime Cortesão, e mais recentemente, Agostinho da Silva. No Brasil, autores como Gilberto Freyre, Darcy

Ribeiro, Sérgio Buarque de Hollanda, Nelson Saldanha e Vamireh Chacon, muito diversos entre si, e com contributos distintos, poderão também inspirar-nos.

A protecção concreta da Pessoa, da sua vida, da sua honra, dos seus bens, garantida no território que viria a ser Portugal e Espanha, ao mesmo tempo que povos hoje muito civilizados ainda faziam sacrifícios humanos, já era uma forma de protecção de Direitos Humanos.

Para quê separar Direitos Humanos modernos de outros direitos, com função idêntica, apenas mais antigos? Só terá sentido uma tal separação se se agir com o fim ideológico de enaltecer o tradicionalismo e apoucar o liberalismo e seus sucessores sociais.

Também boa parte das críticas aos Direitos do Homem partem de perspectivas tecnicistas e historicistas. Em que igualmente se poderá detectar uma intenção de demarcação político-ideológica.

Mas os Direitos Humanos têm sido mais fortes: o mais esclarecido de todos os seus críticos, Michel Villey, diria, na sua última entrevista, ao "Le Monde":

> Na verdade, não sou contra os direitos do homem. Creio bastante nos direitos do homem europeu, já que existe na Europa um Tribunal de Justiça (...).

Permanecendo coerente, Villey reconhecera a realidade. *Suave milagre*.

Suave milagre que efectivamente anuncia um novo paradigma.

3. Guerra e Identidade Cultural: Crise das Crises[11]

3.1. UNIVERSALIDADE DA GUERRA, DIREITOS E CULTURA

No Livro de Daniel, da Bíblia,[12] pode ler-se este versículo aparentemente estranho: "O Príncipe (o anjo) do reino dos Persas resistiu-me durante vinte e um dias".

Parece, pois, que o fenómeno da guerra é universal e nem mesmo o céu lhe escapa. Tentaremos, de seguida, sobretudo enunciar diferentes categorias de guerra e proceder a alguns breves comentários em seu torno.

Parecendo que a guerra, tal como a revolução, são suspensões do Direito, outros consideram que, pelo contrário, estes momentos são cruciais pontos de viragem normogenéticos, momentos críticos que permitem análises mais agudas e mutações mais decisivas. Seja como for, importa considerar estes fenómenos, e tentar encontrar uma linguagem que os não mistifique. É essa guerra subtil de lin-

---

[11] Texto elaborado a partir do que serviu de base à nossa comunicação oral no II Encontro Internacional sobre *Guerra e Paz, Do Humanismo helénico ao humanismo moderno*, organizado pelo Instituto de Criminologia e pelo Instituto de História do Direito da Universidade Panthéon-Assas, Paris II, pela Cátedra Unitwin da UNESCO, pela Câmara Municipal da Ilha de Kos e pelo Centro Cultural Thalassinos, em Maio de 2004. Desejaríamos agradecer ao Senhor Doutor Stamatios Tzitzis, Director de Investigação CNRS, Presidente da Equipa Internacional Interdisciplinar de Filosofia Penal, a honra do convite. Agradecemos ainda à Senhora Drª Sandra Pinto, do Instituto Jurídico Interdisciplinar, a elaboração de uma primeira versão em português deste texto, a partir do original francês, que será publicado na Grécia. O presente, mais completo, baseia-se no que seria integrado no volume de homenagem ao Senhor Prof. Doutor André Gonçalves Pereira, editado pela Faculdade de Direito da Universidade de Lisboa.

[12] DANIEL, X, 13.

guagem que obnubila também, em grande parte, o estudo do fenómeno: seja ele mais ou menos jurídico.

A consideração da guerra no contexto dos Direitos Humanos e da Cidadania pode não ser muito comum. Mas não entendemos porquê. A guerra é, normalmente, quer para os que a sofrem, quer para os que, comandados, a fazem, em grande medida, suspensão e afronta a Direitos e a Cidadania. Mesmo uma guerra entre *gentlemen* o é.

Por outro lado, além de na guerra, desde logo, ficar pelo menos potencialmente em causa o mais elementar "direito" (em rigor, base ou pressuposto dos direitos, liberdades e garantias), o "direito à vida", as agressões bélicas comportam sempre, e cada vez mais, como veremos, nos tempos hodiernos, uma carga notável de agressão simbólica, de índole cultural e/ou civilizacional. Na guerra, em muitos casos, pelo menos, é o Direito à identidade cultural a, antes de tudo o mais, ser posto em causa.

3.2. GUERRA IDEOLÓGICA

A guerra ideológica sucede à guerra religiosa como um conflito armado onde as partes lutam com o espírito de uma facção que não é a do estandarte do rei, nem a da bandeira da nação. Lutam por qualquer coisa de menos institucional e de mais afectivo. Paradoxalmente, qualquer coisa de ao mesmo tempo mais próximo e mais abstracto.

Se considerarmos a comparação de Tocqueville entre a revolução francesa e as revoluções religiosas, encontraremos, *mutatis mutandis*, a relação entre guerras ideológicas e guerras religiosas. Aliás, o autor de *L'Ancien régime et la révolution* começa precisamente por dizer, evocando a lição de Schiller:

> la grande réforme du XVI.ème siècle eut pour effet de rapprocher tout à coup les uns des autres des peuples qui se connaissaient à peine, et de les unir étroitement par des sympathies nouvelles. On vit, en effet, alors des Français combattre contre des Français, tandis que des Anglais leur venaient en aide; des hommes nés au fond de la Baltique pénétrèrent jusqu'au cœur de l'Allemagne pour y protéger des Allemands dont ils n'avaient jamais entendu parler jusque-là. Toutes les guerres étrangères prirent quelque chose de guerres civiles; dans toutes les guerres civiles des étrangers parurent. Les anciens intérêts de chaque nation furent oubliés pour des intérêts nouveaux; aux questions de territoire succédèrent des questions de principes. Toutes les règles de la diplomatie se trouvèrent mêlées et em-

> brouillées, au grand étonnement et à la grande douleur des politiques de ce temps-là. C'est précisément ce qui arriva en Europe après 1789.[13]

Esta nota de guerra civil é uma das características da guerra ideológica. Um dos seus contornos é, com efeito, o conceito de quinta coluna. Na guerra ideológica, ninguém está certo de estar em casa, ninguém pode confiar no seu vizinho ou na sua família. Em cada cidade cercada, as forças do exterior podem contar com a quinta coluna do interior, novo cavalo de Tróia... e todavia esta nossa incerteza tem uma raiz digamos "religiosa" (em boa verdade, apenas sob pretexto religioso): a inquisição. A inquisição foi a primeira grande polícia ideológica que pôs os pais contra os filhos, as esposas contra os maridos[14] (...) aparentemente por motivos de ortodoxia. Mas sempre por razões de medo geral. E a realidade e o espírito da inquisição foram considerados, pelo menos nos países ibéricos, uma causa profunda da sua decadência.[15]

Em quase todas as guerras religiosas, a revolução política e a guerra ideológica assemelham-se.[16] Entre elas próprias, entre cada uma e as demais, poderíamos de novo citar Tocqueville:

> Elle a inspiré le prosélytisme et fait naître la propagande. Par là, enfin, elle a pu prendre cet air de révolution religieuse qui a tant épouvanté les contemporains; ou plutôt elle est devenue elle-même une sorte de religion nouvelle, religion imparfaite, il est vrai, sans Dieu, sans culte et sans autre vie, mais qui, néanmoins, comme l'islamisme, a inondé toute la terre de ses soldats, de ses apôtres et de ses martyrs.[17]

A maior, a mais significativa, a mais próxima guerra ideológica foi a guerra-fria, essa guerra mãe de todas as particulares guerras ao redor do globo, no tempo em que o equilíbrio dos poderes mundiais oscilava entre os Estados Unidos da América e a União das Repúblicas Socialistas Soviéticas.

Numa tal guerra-fria, ou surda, cada cidadão do mundo ocidental era tomado como um potencial soldado da causa do Ocidente, ou como um membro da adversa quinta coluna comunista. Os re-

---

[13] DE TOCQUEVILLE, Alexis. *L'Ancien régime et la révolution*, III.

[14] Cf., *v.g.*, recentemente, REAL, Miguel. *Memórias de Branca Dias*. 2ª ed. Lisboa: Temas e Debates, 2004.

[15] QUENTAL, Antero de. *Causas da Decadência dos Povos Peninsulares*. 6ª ed. Lisboa: Ulmeiro, 1994.

[16] Aproximando a guerra e a revolução, *v.g*, ARENDT, Hannah. *On Revolution*, 1963, trad. port. de I. Morais, *Sobre a revolução*. Lisboa, Relógio de Água, 2001, p. 11.

[17] DE TOCQUEVILLE, Alexis – *L'Ancien régime et la révolution*, III.

ticentes dos regimes soviéticos encontravam-se numa situação bem mais difícil: os dissidentes, os delitos de opinião, a abolição geral das liberdades públicas constituíam uma característica de sociedades onde reinava um regime de tipo militarista permanente, o qual vivia, em grande parte, da propaganda contra o perigo imperialista do Ocidente. Tudo isto é bem conhecido, e a própria existência do regime de Fidel Castro – ainda que suavizada pela sua herança galega e pelo charme do clima e do ritmo tropicais – não nos deixa esquecer o que pode ser uma sociedade em guerra ideológica permanente.

3.3. GUERRA CULTURAL

3.3.1. Os significados

O conceito de guerra cultural é mais difícil e mais vago que o de guerra ideológica. Desejaríamos por isso aprofundá-lo aqui um pouco mais. A guerra ideológica é o *genus proximum*, e a guerra cultural a *differentia specifica*.

A expressão "guerra cultural" aparece dispersa um pouco por todo o lado. Os significados comuns sem um sentido comum revelam-se muito interessantes, e desafiam-nos. Pois parece que as acepções se misturam.

Fala-se, por exemplo, da guerra cultural nazi, dando como exemplo a pilhagem dos tesouros artísticos dos judeus, alguns para enriquecer o Reich, o partido nazi, ou as SS, outros para serem pura e simplesmente queimados, como produtos de uma "arte degenerada", de "bolchevistas e judeus".[18] Houve mesmo uma exposição dita da "arte degenerada", por contraposição à exposição de arte alemã, inaugurada por Hitler em Munique, em 1937.[19] Neste caso, parece-nos que se trata sobretudo de uma faceta cultural de uma guerra que era ainda uma guerra normal de expansionismo (rumo àquilo a que se chamava o *espaço vital* alemão) e ideológica (nazi: nacional-socialista). A guerra em si mesma ultrapassou aquele aspecto concreto.

---

[18] *V.g.* VERBIN, Elana. *Art as Evidence*, 1997 <http://www.remember.org/educate/art.html>.

[19] Cf. o respectivo discurso de inauguração *in* CHIPP, H. B. *Theories of Modern Art*, trad. port. de Waltensir Dutra *et al.*, *Teorias da Arte Moderna*. São Paulo: Martins Fontes, 1996, p. 481-490.

Mas há outros exemplos talvez ainda mais esclarecedores.

Por vezes, a antinomia é construída entre guerra militar e guerra ideológica;[20] mas neste sentido, não será adequado traduzir guerra ideológica por guerra cultural?

Por outro lado, quando nos insurgimos, por exemplo, contra o peso gigantesco da ofensiva ideológica neo-liberal (ou, mais propriamente ainda, anarco-capitalista) dos nossos dias, falamos, não raramente, de guerra cultural.[21] Num sentido simétrico, Antonio Gramsci, fundador do partido comunista italiano, insistia, na sua obra escrita em cativeiro, sobre a necessidade de ganhar a guerra cultural para, ulteriormente, tomar o poder político.[22] Nestes dois casos, não deveríamos antes referir-nos, com mais propriedade, a uma guerra ideológica?

Obviamente, todas estas questões nos reconduzirão ao próprio conceito de guerra.[23] Porque as guerras das ideias matam, não há dúvida, mas *de morte lenta*, como diria Brassens…

Neste conceito de guerra cultural, tomamos por "guerra" todo e qualquer ataque sistemático, voluntário e brutal à identidade, à vida, à autonomia (alguns diriam à "soberania"), à cultura de um povo ou de vários povos. Seja pelas armas que matam o corpo, seja pelas armas que aniquilam o espírito, ou uma certa forma de espírito, à qual chamamos, *lato sensu*, "cultura".

Recordemo-nos, igualmente, da existência das guerras civis. Quando nos referimos às guerras contra ou a favor de direitos reais ou fictícios, de certos grupos dentro de uma determinada sociedade, também estamos a aludir a uma "guerra cultural".[24]

Os conceitos políticos e, com frequência, também os jornalísticos, estão condenados a uma eterna confusão. Seria vão procurar precisar-lhes um sentido único. Guerra e conflito em geral, guerra e agressões, mesmo com as *nuances* da mais subtil das conceptuali-

---

[20] GIRARDI, Giulio. *Guerra Militare e Guerra Ideologica. Il 'Manifesto destino' dell'Occidente*. <http://www.peacelink.it/kossovo/documenti/guerra-girardi.html>.

[21] MARTINEZ HEREDIA, Fernando. *Una gigantesca guerra cultural*. <http://www.hika.net/revista/zenb115/Hgigantesca.html>

[22] Cf., *v.g.*, SCHMITZ, Isabelle; SOREAU, Pauline. *Le surréalisme : du courant artistique à la guerre culturelle*, <http://www.centredeformation.net/actu/surreal.htm>.

[23] Uma confusão paralela reina em torno do conceito de terrorismo…

[24] V. ainda: *Winning the cultural war*. <http://www.newsmax.com/articles?a=1999/3/16/93619>.

zações do Direito Internacional, serão sempre de utilização vaga e o sentido metafórico arrasta, na maior parte das vezes, toda a linguagem.

Não quereríamos portanto estabelecer um sentido único. Apenas precisar em que sentido falamos de guerra cultural.

Esta pode desenvolver-se através de qualquer forma de agressão. Normalmente, enquanto a guerra ideológica, como a guerra religiosa *tout court*, se apresenta não apenas proselítica mas também belicosa, armada, a guerra cultural assume, por seu turno, um proselitismo de massas, e assim nos surge – paradoxalmente, pois que se trata ainda de uma guerra – como de algum modo "pacífica". Assim, a *Pax romana* terá sido, neste contexto, muito provavelmente, a primeira grande guerra cultural. Ou o culminar dela.

3.3.2. Em demanda de um sentido

A guerra cultural é uma guerra que não se crê guerra (pelo menos, muitos dos seus soldados não a encaram assim), e que se encara, pelo contrário, como instrumento de paz e de civilização. Ela é guiada não pelo espírito de guerra justa, mas de justa "cruzada"[25] de fazer o bem, especialmente de civilizar. Uma tal guerra tem missionários, professores, colaboradores... tem intermediários, operários de uma transposição cultural. Ela é, naturalmente, uma forma de imperialismo.

As nações fazem guerras de fronteiras, as religiões guerras santas, os partidos guerras ideológicas, e os impérios fazem todas estas guerras e ainda mais: fazem, igualmente, a guerra cultural.

Um grande problema das guerras culturais é o seu aparente pacifismo, e os legados benéficos que qualquer império traz aos culturalmente vencidos, de uma forma ou de outra (velha questão das faces de Jano politicas, de que fala um Maurice Duverger). Roma permitiu à Grécia (essa vencida vencedora) universalizar mais ainda a sua cultura universalista; o direito romano, o Cristianismo e o Ocidente trazidos nas caravelas portuguesas e espanholas transportavam sem dúvida o fardo da escravatura e da exploração, mas descobriram as Áfricas e as Américas para o mundo; e por aí em

---

[25] Para a precisão dos conceitos, VILLEY, Michel. *La Croisade. Essai sur la formation d'une théorie juridique*. Paris: Librairie Philosophique J. Vrin, 1942.

diante... Claro está, há julgamentos diferentes. Alguns activistas índios Patachós, particulamente activos durante a comemoração dos 500 anos da descoberta, pareciam pelo seu discurso ter preferido um Brasil sem os malefícios europeus: ou seja, certamente, um Brasil canibal... Também muitos amigos actuais dos Celtas[26] não suportam Roma, preferindo Vercingétorix[27]...

O veredicto sobre os caminhos da História jamais será unânime.

3.3.3. Confusões de sentidos

A grande guerra continuada do golfo pérsico fez surgir variadas abordagens deste tópico e revelou mais claramente as diversas formas de fazer esta guerra.

Por um lado, falou-se de guerra cultural a propósito do esforço (real ou de mera propaganda) de dotar os soldados americanos e as tropas aliadas com os rudimentos da língua e dos costumes árabes a fim de suavizar a sua coexistência com as populações civis.[28]

Por outro lado, fomos confrontados com uma ofensiva musical e mesmo plástica pró-guerra, com *slogans* como: "Bomb the world", com um bombardeiro que lançava pequenos corações encarnados, ou "Peace through superior firepower"e em letras vermelhas: "Give war a chance", etc.[29]

Parece assim que, independentemente das razões de qualquer guerra, se podem sublinhar os aspectos de compreensão do outro (mesmo do "indígena"ou do "inimigo"), por um lado, e por outro, os aspectos de sensibilização geral da opinião pública interna e externa a favor da guerra *tout court*.

Parece-nos, todavia, que num e noutro caso não temos, verdadeiramente, elementos suficientes para definir uma guerra cultural, mas tão-só facetas culturais, características culturais, de uma guerra

---

[26] E nos nossos dias há um revivalismo que se reivindica dos Celtas, às vezes sem qualquer ligação étnica com os Celtas históricos Cf. HALE, Amy; PAYTON, Philip. *New directions in Celtic studies*, Exeter, University of Exeter Press, 2000, *passim*, sobretudo p. 108 e ss., 126 e ss.

[27] Cf. Uma visão distante dos entusiasmos mítico-nacionalistas, em, por exemplo, Arbois de Jubainville e de Camille Julien, etc. V. LE ROUX, Françoise; GUYONVARC'H, Christian-J. *La société celtique*, Rennes, Édilarge, 1991.

[28] O'NEILL, Brendan. *"Gulf War meets Culture War"*, spiked online, 27.2.2003. Traduction et réécriture: Maj EMG Ludovic Monnerat: <http://www.checkpoint-online.ch/CheckPoint/Monde/Mon0048-GuerreCultureMilitaire.html>.

[29] <http://www.heise.de/tp/deutsch/inhalt/musik/14475/1.html>

que poderia ter quaisquer outros contornos. Qualquer guerra inteligente deve fazer a sua apologia através de meios culturais (ou pelos mesmos meios de que a cultura se serve), qualquer guerra inteligente deve compreender o inimigo. Era aliás uma das divisas favoritas de Mao Zedong, mestre da estratégia a vários títulos: "Compreender o inimigo para melhor o combater". Máxima tomada, de qualquer forma, d' *A Arte da Guerra* de Sun Tzu. E aplicável, claro está, a qualquer conflito... Mesmo às disputas empresariais e às técnicas japonesas de *marketing*.

Se assumirmos uma posição mais exógena, de resto, que sentido terá falar de guerra comercial, guerra ideológica, guerra cultural, ou de guerra *belicosa* propriamente dita? A guerra é una, luta pela hegemonia, pela submissão dos outros, pela imposição de uma forma de viver, pelo controle geo-estratégico, pela expansão territorial, pelas fontes de matérias-primas, etc., etc. A guerra é a continuação da política por outros meios. Ou a continuação da diplomacia por outros meios, sendo a diplomacia a última fronteira da política, antes do cenário de guerra. Assim, as coisas complicam-se.

Poderíamos conceber uma guerra que tivesse como objectivo essencial os aspectos culturais. Mas tal guerra seria rara. Mesmo a colonização portuguesa (com aspectos necessariamente guerreiros, ainda que menos evidentes que os de muitos outros expansionismos) tinha como objectivo duplo explícito a procura de "cristãos" (fim religioso, cultural em sentido lato) e da "pimenta" (e das especiarias em geral, portanto um fim económico em sentido lato).

Desta mistura de objectivos dos conflitos, resulta que, se bem que não possamos considerar como guerra cultural a que se atém aos aspectos culturais da guerra em geral, não podemos tão-pouco esquecer que por vezes ocorrem conflitos culturais em si mesmos, os quais atravessam todas as guerras. Da mesma forma, podemos, frequentemente, explicar os conflitos armados ou as guerras mais ou menos frias pelos antagonismos e por alianças culturais ancestrais.

O expansionismo russo não foi uma invenção soviética. Alguns pensam mesmo que a ideologia do internacionalismo proletário teria constituído, em grande medida, um álibi das aspirações imperialistas russas *tout court*. Para além das ideologias...

Assim, os contornos da guerra cultural começam a esboçar-se. A guerra cultural não se limita aos vectores mediáticos, artísticos, literários, ou às tentativas de compreensão da cultura do inimigo.

Nem se confunde com a guerra simplesmente religiosa ou ideológica. A religião e a ideologia são frequentemente, quer em conjunto, quer isoladamente, um ou outro, aspectos constitutivos de uma cultura. Mas a cultura, mais profunda e mais vasta, ultrapassa-os.

A guerra cultural é sobretudo uma guerra que se poderia dizer de "civilização" se este conceito não fosse tão incerto. É uma guerra entre culturas, mesmo quando uma das culturas fica sem defesa.

3.4. GUERRA CULTURAL, GUERRA ENTRE CULTURAS

A moda do dito "choque de civilizações" está aí. É preciso encará-la com precaução.

A nossa cultura, melhor dizendo, as nossas culturas, uma vez que pertencemos a várias, vivem mescladas de resíduos[30] e de reminiscências de antigos conflitos culturais e de antigas aculturações. Jean Lauand estudou o legado quotidiano (e na linguagem quotidiana) da cristandade e da Idade Média na nossa vida de todos os dias. Tal legado é mais claro em alguns países que noutros. Por exemplo, a língua portuguesa parece permanecer "mais cristã" do que as outras línguas latinas e germânicas, já que os dias da semana, exceptuando o Sábado, perderam o sentido pagão que as demais línguas ainda conservam.

Aprendemos na *Internet* que o produto de pastelaria chamado *croissant* não é francês – como o brioche mitificado, diz-se, por Maria Antonieta – mas austríaco: comer o *croissant* é um acto de canibalismo mítico, que celebra a vitória sobre os Turcos.[31] Também na Áustria uma fundação que tinha como objecto o apoio às vítimas dos Turcos, não havendo mais guerras contra a Turquia, terá abrigado a imaginação jurídica a uma redefinição doutrinal do "Turco"como todo o inimigo da Áustria. Problema adicional para a adesão da Turquia moderna à União Europeia?

Mas há outras guerras para além dos confrontos entre os fundamentalismos (religioso ou laico) e o "grande Satã". Guerras mais subtis, mas afrontas efectivas. Os filmes de grande divul-

---

[30] Para este conceito, em geral, v. PARETO, Vilfredo. *Traité de Sociologie Générale*, com Prefácio de Raymond Aron. Genebra / Paris: Droz, 1968.

[31] PACHECO PEREIRA, José. *O Croissant e a Guerra das Civilizações*, 25. 3. 2004, Abrupto: <http://abrupto.blogspot.com/ 08:32>

gação dão-nos muitos exemplos da devisão entre *os bons e os maus da fita* no mundo, os civilizados e os bárbaros. Há grandes civilizações, como a grega, berço da Europa e do Ocidente, que são representadas nas vestes do filme cómico "Viram-se Gregos para Casar" (Casamento Grego). Simpáticas, mas ainda assim caóticas. O mesmo se diga em relação aos portugueses, apresentados como um povo absolutamente subdesenvolvido em outros filmes. Os corsários ingleses da rainha Isabel, pelo contrário, são representados como libertadores dos mares, e mesmo como defensores dos "Direitos do Homem": anacronismo de grande antecipação histórica – desculpar-se-á. A questão é antiga: Grotius, o grande autor do *De mare liberum* não era um filósofo desinteressado, uma vez que trabalhava para as companhias marítimas... E o celebrado Las Casas, o grande Las Casas dos direitos dos índios, era (segundo alguns autores) um verdadeiro esclavagista: pois protegia os índios, mas lá conservava os seus servos negros... Num filme sobre a rainha *Elisabeth* que tem o seu nome, os Espanhóis são verdadeiramente humilhados. E quantos filmes apresentam os italianos da II Guerra Mundial como *clowns* ou afins (a série *Allo, allo,* por exemplo) ou como músicos ou cantores românticos, mas sobretudo inconsequentes, etc., etc.? As civilizações mediterrânicas, grega, latina, hispânica, hispano-americana são as mais afectadas. Na *Internet,* a população mundial é frequentemente dividida entre os chamados "caucasianos" e *os outros*: os africanos, os orientais, etc., mas também os "hispânicos" e os "latinos"...

Um texto, que de data não é novo, tem a virtude de nos fazer sair dos debates mais comuns:

> Há perigos reais. Não perigos de nações contra nações – estes são transitórios; nem de Estado contra Estado – estes são ainda mais superficiais; mas sim, os perigos de culturas contra culturas; sim, as ameaças de imposição da parte de grupos tecnicamente mais fortes a grupos tecnicamente ainda mais fracos de valores, de cultura e de formas de organização social, dentro das quais os povos menores se achatariam como vassalos dos vencedores, ou por serem mestiços, ou por serem considerados corruptos, ou por isto, ou por aquilo (...)

O texto é do sociólogo brasileiro Gilberto Freyre, que continua, com uma coragem devastadora:

> (...) nenhum de nós é hoje bastante ingénuo para acreditar em lutas entre a democracia e a tirania, entre o ideal e o culto do Direito todo de um lado e a força bruta toda do outro, entre nações de homens justos, honrados e de um só parecer contra nações de velhacos; se nenhum de nós se deixa iludir por qualquer dessas mistificações, por outro lado alguns

acham prudente acreditar em perigos concretos contra os quais se impõem defesas, precauções, vigilâncias (...)

O texto é um extracto de uma obra que tem um título eloquente: *Uma Cultura Ameaçada: a Luso-Brasileira*, publicado no Brasil, no Recife. Uma cultura ameaçada: a luso-brasileira. Devemos meditar nessas palavras todas.

Hoje, com as interpretações *pro domo* da declaração de Bolonha para formatar as Universidades, com os esforços utopistas para nos confiscar as autonomias jurídicas (o que é muito diferente da necessária harmonização de direitos) – as culturas europeias estão sob uma dupla invasão: a do exterior, da sedução da cultura do *fast-food*, a mesma que, ao mesmo tempo, ignora que as batatas fritas são belgas e não francesas. Honra a Monsieur Hercule Poirot, por uma vez que seja. E a do interior, de um europeísmo que não se alicerça já nas fontes europeias de liberdade e de autonomia, mas ao contrário aponta para uma Europa burocrática, sem cidadãos, logo, sem Cidadania e sem Direitos vivos. Uma Europa de plástico.

A União Europeia está assim debaixo de uma dupla guerra: a da desfiguração cultural pelo fascínio do *big brother*, e a da utopização[32] pelo voluntarismo dos burocratas sem coração e sem raízes.

Eis uma situação de tensão extrema, em relação à qual o conceito de "guerra cultural" não será inapropriado.

Mas impõe-se dizer aqui algo de ainda mais surpreendente: sendo cada cultura "todo o Mundo a sós", para citar o poeta Fernando Pessoa, uma atitude cultural agressiva mas pacífica de cada uma delas para levar as outras a beneficiar do seu saber torna-se legítima. A competição e a difusão culturais tornam-se injustas apenas quando utilizam meios de pressão, propaganda ou outros – especialmente a guerra *stricto sensu*.

Mas, em diversas formas, e exceptuada a agressão, a competição cultural pode mesmo constituir ainda a única forma moderna de guerra justa – já que a justiça na agressão deve ater-se à legítima defesa.

---

[32] "Utopização" aqui no sentido mais geométrico, racionalista, frio, artificial, e também, naturalmente, mais pejorativo. Não porque quimérico, irrealista, mas porque sufocante, plastificado. Coisa bem diferente é o utopismo, princípio esperança, coisa bela, redentora, livre, e libertadora. Cf., por todos, FERREIRA DA CUNHA, Paulo. *Constituição, Direito e Utopia. Do Jurídico-Constitucional nas Utopias Políticas*. Coimbra: Faculdade de Direito / Coimbra Editora, 1996, p. 447-449.

3.5. A NOSSA EUROPA E A GUERRA

Si vis pacem para bellum. Infelizmente, algo estultamente até, a Europa não pensa na possibilidade de uma guerra. Os países da Europa não são prudentes, precavidos; não fazem reservas, e uma certa visão de interdependência não coloca a possibilidade de rupturas, particularmente nas comunicações. A Europa adormeceu na excitação da queda do muro de Berlim, e não coloca a si própria outros cenários de conflito.

Cega à possibilidade da guerra, a Europa parece não possuir a flexibilidade necessária em caso de conflito. Mesmo uma concentração do poder não implicará todos os parceiros europeus, e as posições marginais poderão deitar a perder todo o sistema. Não será a autoridade de um presidente ou de um ministro dos negócios estrangeiros comuns que farão com que a Europa verdadeiramente se una em caso de guerra. Será necessário muito mais do que isso... A Europa está em défice de integração, para não dizer já de federalismo, no plano da defesa. Precisaríamos nesta matéria de muito mais Europa, sobretudo de mais barricadas culturais e de idiossincrasia.

Essas barricadas são o outro lado da necessária defesa para a guerra, que também é defesa contra a guerra: como relembrava o grande publicista brasileiro Rui Barbosa, *si vis pacem para pacem*.[33]

3.6. AS GUERRAS CULTURAIS E O FUTURO

Passado o tempo da guerra ideológica, como foi a guerra-fria e os seus muitos avatares no mundo, chegou o tempo da guerra cultural, a diversos níveis.

A Europa não ultrapassará jamais os barbarismos exógenos e endógenos que a ameaçam na sua própria alma – desumanidade (crueldade), injustiça, esquecimento dos cânones culturais, ausência de memória – sem um sábio retorno às raízes, nomeadamente helénicas, romanas, e a todas as que, sem excepção, desde então a consolidaram e engrandeceram.

---

[33] BARBOSA, Rui – *Teoria Política*, Selecção, Coordenação e Prefácio de Homero Pires, Rio de Janeiro / São Paulo / Porto Alegre, W. M. Jackson Inc. Editores, 1957, p. 335 ss.

Sendo a Europa um grande conjunto de nações de cultura, o grande problema é o da descaracterização em geral, seja por um cosmopolitismo aniquilador das diferenças, seja pelas tentações de outros modelos.

A grande guerra cultural travar-se-ia quotidianamente com o empenho de dotar todos os europeus de bases culturais, e de identidade cultural comum. Não seria preciso inventar nada, porque se não trata de algo inexistente. Apenas se deveria curar de ensinar nas escolas e promover nos *media* a Cultura que nos fez sermos o que somos: Europa. Parece porém que é sacrilégio para uns, e invencível dificuldade para outros...

Na guerra cultural o que está em causa é a ameaça à identidade cultural dos povos, das culturas, das civilizações. Sempre nos apraz citar António Sérgio, que sabiamente afirmava que defender a educação, lutar contra o obscurantismo educativo e cultural é tão importante quanto opor resistência a uma invasão estrangeira. É que as piores invasões não são as que dominam as praças fortes. São as que aniquilam as resistências anímicas, as resistências da identidade cultural.

Bibliografia

A Consciência Social na Grã Bretanha, Serviços de Imprensa e Informação da Embaixada Britânica, 1944.
AA. VV. – *1791. La Première Constitution Française*, Paris, Economica, 1993.
AA.VV., *La dignidad de la persona*, "XXV Jornadas de Derecho Público", Edeval, Valparaíso, 1995 (3 vols).
ABDO, Jorge. *Lições de Direito Constitucional*. Leme: Led, 1997.
ABELLÁN HONRUBIA (ed.). *Las Dimensiones Internacionales de los Derechos Humanos*. Barcelona: Serbal-Unesco, 1984.
AGACINSKI-JOSPIN, Sylvine. *Citoyennes, encore un effort* (…). "*Le Monde*", 18 de Junho de 1996.
AGRA, Walter de Moura. *Manual de Direito Constitucional*. São Paulo: Revista dos Tribunais, 2002.
ALAIN. "La République est difficile", in *Propos de…*, ed. Paris, Gallimard, Col. La Plêiade, I, 1956, p. 1258.
———. *l'Humanité*, in Propos de…, ed. Paris, Gallimard, Col. La Plêiade, I, 1956, p. 1149 ss.
———. *La République est difficile*, in Propos de…, ed. Paris, Gallimard, Col. La Plêiade, I, 1956, p. 1258.
———, *La ruse des gouvernés*, in Propos de…, ed. Paris, Gallimard, Col. La Plêiade, I, 1956, p. 797.
———, *Propos sur les Pouvoirs. Éléments d'Étique Politique*, ed. de Paris, Gallimard, 1985.
AL-ASHMAWY, Muhmamad Said. *L'Islamisme contre l'Islam*. Paris/Cairo: La Découverte/Ed. Al Fikr, 1989.
ALBUQUERQUE, Martim de (com a colab. de Eduardo Vera Cruz). *Da Igualdade. Introdução à Jurisprudência*. Coimbra: Almedina, 1993.
ALEXY, Robert. *Theorie der Grundrechte*, Suhrkamp, 1986, trad. cast. de Ernesto Garzón Valdés, *Teoría de los Derechos Fundamentales*. 1ª reimp. Madrid: Centro de Estudios Constitucionales, 1997.
ALSTON, P.; WEILER, J. *The European Union and Human Rights: final project report on an agenda for the Year 2000, in Leading by example: a Human Rights Agenda for the European Union for the Year 2000*. Florença: European University Institute, 1998.
AMARAL, Diogo Freitas do. *Estado*, in "Pólis – Enciclopédia Verbo da Sociedade e do Estado", vol. II. Lisboa, 1984.
———. *Manual de Introdução ao Direito*. Coimbra: Almedina, 2004.
AMARAL, Maria Lúcia. *A Forma da República. Uma Introdução ao Estudo do Direito Constitucional*. Coimbra: Coimbra Editora, 2005, p. 390 ss.
———. *Poder Constituinte e Revisão Constitucional*. "Revista da Faculdade de Direito de Lisboa", vol. XXV, 1984.
ANDORNO, Roberto. *La Bioéthique et la dignité de la personne*. Paris: P.U.F., 1997.
———. *La distinction juridique entre les personnes et les choses à l'épreuve des procréations artificielles*, préface de François Chabas. Paris: L.G.D.J., 1996.
ANDRADE, Manuel da Costa. *Liberdade de imprensa e inviolabilidade da pessoa. Uma perspectiva juridico-criminal*. Coimbra: Coimbra Editora, 1996.
AÑON ROIG, Maria José et al. *Derechos Humanos. Textos y Casos Practicos*. Valencia: Tirant lo Blanch, 1996.
ARAÚJO, António de. *O Tribunal Constitucional (1989-1996)*. Um estudo de comportamento judicial. Coimbra: Coimbra Editora, 1997.

―――. *O Tribunal Constitucional (1989-1996). Um estudo de comportamento judicial*. Coimbra: Coimbra Editora, 1997.
ARISTÓTELES. *Ética a Nicómaco*.
―――. *Política*.
―――. *Retórica*.
―――. *Tópica*.
ARNÉ, Serge. *Existe-t-il des normes supra-constitutionnelles? Contribution à l'étude des droits fondamentaux et de la constitutionnalité*. "Revue du droit public", 1993, p. 459-512.
ARON, Raymond. *Dix-huit leçons sur la société industrielle*. Paris: Gallimard, 1962.
ARONNE, Ricardo. *Direito Civil Constitucional e Teoria do Caos*. Porto Alegre: Livraria do Advogado Editora, 2006.
ASIS ROIG, Rafael de. *Deberes y Obligaciones en la Constitucion*. Madrid : Centro de Estudios Constitucionales, 1991.
ATIAS, Christian. *Théorie contre arbitraire*. Paris : P.U.F., 1987.
AYUSO, Miguel. *Ocaso o Eclipse del Estado? Las transformaciones del derecho público en la era de la globalización*. Madrid/Barcelona: Marcial Pons, 2005.
AZEVEDO, Plauto Faraco de. *Direito, Justiça Social e Neoliberalismo*. 2ª tiragem. São Paulo: Editora Revista dos Tribunais, 2000.
BACHOFF, Otto. *Normas Constitucionais Inconstitucionais?* Trad. portuguesa de J. M. Cardoso da Costa, Atlântida. Coimbra, 1977.
―――. *Estado de Direito e Poder Político: os Tribunais Constitucionais entre o Direito e a Política*, trad. port. de J. M. Cardoso da Costa, separata do vol. LVI do "Boletim da Faculdade de Direito". Coimbra, 1980.
BAPTISTA, Eduardo Correia. *A Soberania Popular em Direito Constitucional*, in *Perspectivas Constitucionais*, org. de Jorge Miranda, vol. I. Coimbra: Coimbra Editora, 1986, p. 481 ss.
BARBOSA, Rui. *Teoria Política*, Selecção, Coordenação e Prefácio de Homero Pires. Rio de Janeiro/São Paulo/Porto Alegre: W. M. Jackson Inc. Editores, 1957, p. 335 ss.
BARNET, Anthony et al. (eds). *Debating the Constitution. New perspectives in Constitutional Reform*. Cambridge: Polity Press, 1993.
BARREIRA, Glauco; MAGALHÃES FILHO. *Hermenêutica e Unidade Axiológica da Constituição*. 3ª ed. Belo Horizonte: Mandamentos, 2004.
BARRET-KRIEGEL, Blandine. *Les Droits de l'Homme et e Droit Naturel*. Paris : P.U.F. 1989.
BARROSO, Luís Roberto. *Interpretação e Aplicação da Constituição*. 6ª ed. São Paulo: Saraiva, 2004.
BARTOLE, Sergio. *Costituzione Materiale e Ragionamento Giuridico*, "Dirito e Società", 1982, p. 605 ss.
BARTOLOMÉ CLAVERO. *Antidora*. Milão: Giuffrè, 1991.
BASILE, Silvio. Valori Superiori, *Principi Costituzionale Fondamentali ed Esigenze Primarie*, "Giurisprudenza Costituzionale", ano XXXVIII, nº 3, 1993.
BASTID, Paul. *L'idée de constitution*. Paris, Economica, 1985.
―――. *Sieyès et sa pensée*. Nova ed. Paris : Hachette, 1970.
BASTIT, Michel. *Naissance de la Loi Moderne*. Paris: P.U.F., 1990.
BATHOLOMEW, James. *The Welfare State We're In*, Politico's, 2004.
BAUDRILLARD, Jean. *L'Illusion de la fin ou la grève des évènements*. Paris : Galilée, 1992. Trad. port. de Manuela Torres. *A Ilusão do fim ou a greve dos acontecimentos*. Lisboa: Terramar, 1995.
BEDDARD, A. R. *Human Rights and Europe*. Cambridge : Griotius Publications (n/ ed. 1993).
BELL, Daniel. *The end of ideology*. Cambridge: Mass. Harvard Univ, 1988.

BELO, Maria. *Notas sobre Constituição ou 'palavras leva-as o vento'*, in "Vértice", II série. Lisboa, Outubro de 1988.

BERCOVICI, Gilberto. *A Problemática da Constituição Dirigente: Algumas Considerações sobre o Caso Brasileiro*, "Revista de Informação Legislativa", nº 142, Abril / Junho, Brasíli.

BERGALI, Roberto; RESTA, Eligio (org.). *Soberania: Un Principio que se Derrumba. Aspectos Metodológicos y Jurídico-Políticos*. Barcelona: Paidós, 1996.

BERLIA, Georges. *De la compétence des assemblées constituantes*, "Revue du droit public", 1945, p. 353-365.

BERNARDINO BRAVO LIRA. *Poder y respeto a las personas en Iberoamerica. Siglos XVI a XX*. Valparaíso: Ediciones Universitarias de Valparaiso. Universidad Católica de Valparaíso, 1989.

BESTER, Gisela Maria. *Direito Constitucional*. Vol. I. *Fundamentos Teóricos*. São Paulo: Manole, 2005.

BILBAO UBILLOS, Juan Maria. *Los Derechos Fundamentales en la Frontera entre lo Público y lo Privado*. Madrid: McGraw-Hill, 1997.

BILHALVA, Jacqueline Michels. *A Aplicabilidade e a Concretização das Normas Constitucionais*. Porto Alegre: Livraria do Advogado, 2005.

BLACK, Virgínia. *Natural Law, Constitutional Adjudication and Clarence Thomas*, in "Fides. Direito e Humanidades", vol. II, p. 41 ss.

BLAUSTEIN, Albert. *The Making of Constitutions*, in "Jahrbuch des öffentlichen Rechts der Gegenwart", vol. 35, 1986, p. 699 ss.

BLOCH, Ernst. *Derecho Natural y Dignidad Humana*, trad. cast. de Felipe González Vicen. Madrid: Aguilar, 1980.

BLUMENWITZ, Dieter. *Wer gibt Verfassung Europas? Zur Verfassunggebenden (Pouvoir Constituant) in der Europaeischen Union*, in Quale Costituzione per Quale Europa, p. 31 ss.

BOBBIO, Norberto. *Teoria dell'ordinamento giuridico*, trad. de Maria Celeste Cordeiro Leite dos Santos, Teoria do *Ordenamento Jurídico*. Reimp. da 10ª ed. (1999). Brasília: Editora Universidade de Brasília, 2006.

———. *L'età dei Diritti, Einaudi*, 1990, trad. bras. de Carlos Nelson Coutinho, *A Era dos Direitos*, 4ª reimp. Rio de Janeiro: Campus, 1992.

BONANATE, Luigi. *La guerra*. Roma/Bari: Laterza, 1998.

BONAVIDES, Paulo. *Curso de Direito Constitucional*. 17ª edição. São Paulo: Malheiros Editores, 2005.

———. *Do Estado Liberal ao Estado Social*. 7ª ed. 2ª tiragem. São Paulo: Malheiros Editores, 2004.

BOTELHO, Afonso. *Teoria do Amor e da Morte*. Lisboa: Fundação Lusíada, 1996.

BOUDON, Raymond. *Sentiments of Justice and Social Inequalities*. "Social Justice Research", vol. 5, nº 2, Junho 1992, p. 122 ss., recolhido in *Le juste et le vrai*, Paris, Fayard, 1995, trad. port. de Maria.

BOULOIS, Jean. *Les limites du droit constitutionnel,* in "Revue Internationale de Droit Comparé", nº 2, 1986, p. 601 ss.

BRANDÃO, António José. *Sobre o Conceito de Constitutição Política*. Lisboa: s/e, 1944.

BRAVO LIRA, Bernardino. *Derechos Politicos y Civiles en España, Portugal y America Latina. Apuntes para una Historia por hacer*, in "Revista de Derecho Publico", nº 39-40, Universidad de Chile, Chile, 1986.

BRAZ TEIXEIRA, António. *Sentido e Valor do Direito. Introdução à Filosofia Jurídica*. 3ª ed. Lisboa: Imprensa Nacional-Casa da Moeda, 2006.

BREDIN, Jean-Denis. *Sieyès. La clé de la Révolution française*. Paris: Fallois, 1988.

BRITO, José de Sousa et al. *Jurisdição Constitucional e Princípio Democrático (Colóquio no 10º Aniversário do Tribunal Constitucional)*. Coimbra: Coimbra Editora, 1995.

BRITO, Miguel Nogueira de. *A Constituição Constituinte. Ensaio sobre o Poder de Revisão da Constituição*. Coimbra: Coimbra Editora, 2000.

BRUNNER, Otto. S*ozialgeschichte Europas im Mittelalter,* Goetingen, Vandenhoeck und Ruprecht, 1978, reimp. 1984, trad. cast. de Antonio Sáez Aranze, *Estructura interna de Occidente*, Madrid, Alianza Universidad, 1991, com apresentação e apêndice de Julio A. Pardos.

BRYCE, James. *Constituciones Flexibles y Constituciones Rígidas*. 2ª ed. cast. Madrid: Instituto de Estúdios Políticos, 1962.

BURDEAU, G. *Sur un enseignement impossible*, in *Mélanges Trotabas*. Paris: LGDJ, 1970, p. 41 ss.

——. *Une survivance: la notion de Constitution*, in "L'Evolution du Droit Public – Etudes en honneur d'Achille Mestre". Paris: 1956, p. 53 ss.

BUSTOS GISBERT, Rafael. *La Constitución Red: Un Estúdio sobre Supraestatalidad y Constitución*. Oñati: Instituto Vasco de Administración Pública, 2005.

CAETANO, Marcello. *Ciência Política e Direito Constitucional*. Coimbra: Coimbra Editora, 1955.

——. *Direito Constitucional, vol. I. Direito Comparado. Teoria Geral do Estado e da Constituição. As Constituições do Brasil*. Rio de Janeiro: Forense, 1977.

CALVO GONZÁLEZ, José (org.). *Libertad y Seguridad. La Fragilidad de los Derechos*. Málaga: Sociedad Española de Filosofia Jurídica y Politica, 2006.

——. *Ghettoización de la universalidad y el futuro de los Derechos Humanos*, in "Derechos y Libertades. Revista del Instituto Bartolomé de las Casas", ano II, Julho-Dez. 1995, nº 5, p. 405 ss.

CAMPOS, Diogo Leite de. *Lições de Direitos da Personalidade*. 2ª ed. Separata do vol. LXVI (1990) do "Boletim da Faculdade de Direito da Universidade de Coimbra", Coimbra, 1992.

CANARIS, Claus-Wilhelm. *Direitos Fundamentais e Direito Privado*. Trad. port. de Ingo Wolfgang Sarlet e Paulo Mota Pinto, reimp. da ed. de 2003. Coimbra: Almedina, 2006

——. *Función, estructura y falsación de las teorías jurídicas*, trad. cast. de Daniela Brueckner e Jose Luis de Castro. Madrid: Civitas, 1995.

CANOTILHO, José Joaquim Gomes. *Brancosos e Interconstitucionalidade. Itinerários dos Discursos sobre a Historicidade Constitucional*. Coimbra: Almedina, 2006.

——. *Direito Constitucional e Teoria da Constituição*. 7ª ed. Coimbra: Almedina, 2003.

——. *O Problema da Dupla Revisão na Constituição Portuguesa*, Separata de "*Revista Fronteira*", Dezembro de 1978.

——; MOREIRA, Vital. *Constituição da República Portuguesa Anotada*. Coimbra: Coimbra Editora, 1978.

——. *Compreensão Jurídico-Política da Carta*, in Carta de Direitos Fundamentais da União Europeia, coord. de Vital Moreira, Coimbra, Coimbra Editora, Ius Gentium. Conimbrigae: Faculdade de Direito de Coimbra, 2001.

——. *Constituição Dirigente e Vinculação do Legislador. Contributo para a Compreensão das Normas Constitucionais Programáticas*. Coimbra: Coimbra Editora, 1982.

——. *Da Constituição Dirigente ao Direito Comunitário Dirigente*, in "Colectânea de Estudos de Homenagem a Francisco Lucas Pires". Lisboa: Universidade Autónoma de Lisboa, 1999, p. 142 ss.

——. *Estudos sobre Direitos Fundamentais*. Coimbra: Almedina, 2004.

——. *O Círculo e a Linha. Da 'liberdade dos antigos' à liberdade dos modernos' na teoria republicana dos direitos fundamentais* (I parte), in "O Sagrado e o Profano", Homenagem a J. S. da Silva Dias, "Revista de História das ideias", nº 9, III, Coimbra, 1987, p. 733 ss.

——. *Precisará a Teoria da Constituição Europeia de uma Teoria do Estado?*, in "Colóquio Ibérico sobre a Constituição Europeia", Actas. Coimbra: Coimbra Editora/Universidade de Coimbra, Studia Iuridica 84, Homenagem ao Doutor Francisco Lucas Pires, 17 e 18 de Março 2005, p. 674.

——. *Rever ou Romper com a Constituição Dirigente? Defesa de um Constitucionalismo Moralmente Reflexivo*. São Paulo: Instituto Brasileiro de Direito Constitucional, 1996a, Senado Federal, 1999.

——. *'Mal Estar' da Constituição e pessimismo pós-moderno*, in "Vértice", II série, nº 7. Lisboa, Outubro de 1988, p. 9 ss.

——. *De quantas constituições é feita a Constituição!*, in "Jornal de Notícias", Porto, 4 de Abril de 1999.

——. *Estado de Direito*. Lisboa: Fundação Mário Soares/Gradiva, 1999.

——. *Tomemos a sério os Direitos Económicos, Sociais e Culturais*, Separata do número especial do "Boletim da Faculdade de Direito de Coimbra – Estudos em Homenagem ao Prof. Doutor António de Arruda Ferrer Correia, 1984". Coimbra, 1988

CANTERO NUNEZ, Estanislao. *La concepción de los derechos humanos en Juan Pablo II*. Madrid: Speiro, 1990.

CAPEZ, Fernando. *Curso de Direito Constitucional*. São Paulo: Saraiva, s.d.

CARVALHO, Kildare Gonçalves. *Direito Constitucional Didáctico*. 7ª ed. Belo Horizonte: Del Rey, 2001.

CARVALHO, Manuel Proença de. *Manual de Ciência Política e Sistemas Políticos e Constitucionais*. Lisboa: Quid Iuris, 2005.

CARVALHO, Orlando de. *Os Direitos do Homem no Direito Civil Português*. Coimbra: Vértice, 1973.

———. *Para uma Teoria Geral da Relação Jurídica Civil. I. A Teoria Geral da Relação Jurídica. Seu sentido e Limites*. 2ª ed. actual. Coimbra: Centelha, 1981.

CASALMIGLIA, A. *Ensayo sobre Dworkin*, prólogo à edição em língua castelhana de *Taking rights seriously*, trad. de Marta Guastavino, *Los Derechos en serio*. Barcelona: Ariel, 1984.

CASESE, A. et al., *Human Rights and the European Community: Methods of Protection*. Baden-Baden: Nomos, 1991.

———. *Human Rights and the European Community: the substantive Law*. Baden-Baden: Nomos, 1991.

CASTANHEIRA NEVES, António. *Dignidade da Pessoa e Direitos do Homem*, in Digesta. Escritos acerca do Direito, do Pensamento Jurídico, da sua Metodologia e Outros, II. Coimbra: Coimbra Editora, 1995, p. 425 ss.

CASTELANO, Danilo. *Il 'concetto' di Persona umana negli atti dell'Assemblea Costituente e l'Impossibile Fondazione del politico*, "Diritto e Società", nº 4, Pádua, 1994, p. 631 ss.

———. *Il problema della persona umana nell'esperienza giuridico-politica: (I) Profili filosofici*, in "Diritto e Società". Pádua, nº 1, 1988, p. 107 ss.

——— (org.). *Quale Costituzione per Quale Europa*. Nápoles: Edizioni Schientifiche Italiane, 2004.

Catecismo da Igreja Católica: <http://www.christusrex.org/www1/CDHN/ccc.html>.

CHARDON, Jean-Marc; LENSEL, Denis (eds.). *La pensée unique. Le vrai procès*. Paris : Economica, 1998.

CHARFI, M. *Islam et droits de l'homme*, in "Revue Islamo-Christiana", 1983, p. 14 ss.

———. *Droit musulman, droit tunisien et droits de l'homme*, RTD, 1983, p. 405 ss.

CHIODI, Giulio Maria. *Il Costituzionalismo Europeo tra Civitas e Socialitas*, in Quale Costituzione per Quale Europa, p. 65 ss.

CHORÃO, Mário Bigotte. *Temas Fundamentais de Direito*. Coimbra: Almedina, 1986.

CIDADE, Hernâni. *A Contribuição Portuguesa para os Direitos do Homem*, Separata do "Boletim da Academia Internacional da Cultura Portuguesa", nº 5, 1969.

COELLO NUÑO, Ulises. *La Constitución Abierta como Categoría Dogmática*, Prólogo de Pablo Lucas Verdù. México: Editorial México/J. M. Bosch Editor, 2005.

COHEN-JONATHAN; DE LA ROCHÈRE, Jacqueline Dutheil (dir.). *Constitution européenne, démocratie et droits de l'homme*. Bruxelas: Bruyllant, 2003.

COMISSÃO TEOLÓGICA INTERNACIONAL. *A Pessoa Humana*, trad. de Isabel de, rev. de H. Noronha Galvão, Lisboa: Rei dos Livros, 1998.

COMPARATO, Fábio Konder. *Redescobrindo o Espírito Republicano*, in "Revista da Associação dos Juízes do Rio Grande do Sul", ano XXXII, nº 100. Porto Alegre, 2005, p. 119 ss.

———. *Sobre a Legitimidade das Constituições*, in "Constituição e Democracia. Estudos em Homenagem ao Professor J. J. Gomes Canotilho", coord. de Paulo Bonavides / Francisco Gérson Maques de Lima / Faya Silveira Bedê, São Paulo, Malheiros, 2006, p. 49 ss.

CONCHA, Hugo A. et al. *Cultura de la Constitución en México. Una Encuesta Nacional de Actitudes, Percepciones y Valores*. México: UNAM – TEPJF – Cofemer, 2004.

CONSTANT, Benjamin. *Cours de Politique Constitutionnelle ou Collection des Ouvrages publiées sur le gouvernement representatif*. 2ª ed. (1ª ed., 1818). Paris: Librairie de Guillaumin et Cie, 1872, vv. vols.

———. *De la Liberté des Anciens comparée à celles des Modernes*. Nova ed. Paris: Le Livre de Poche, 1980.

CORREIA, Fernando Alves. *Direito Constitucional. A Justiça Constitucional*. Coimbra: Almedina, 2002.

CORTESÃO, Jaime. *Os Factores Democráticos na Formação de Portugal*. 4ª ed. Lisboa: Livros Horizonte, 1984.

COSTA, José Manuel Cardoso da. *A Hierarquia das Normas Constitucionais e a sua Função de Protecção dos Direitos Fundamentais*, in "Boletim do Ministério da Justiça", nº 396. Lisboa, 1990.

———. *Constitucionalismo*, in "Polis. Enciclopédia Verbo da Sociedade e do Estado". Lisboa: Verbo, 1983, I vol., col. 1151 ss.

———. *A Justiça Constitucional no Quadro das Funções do Estado vista à Luz das Espécies, Conteúdo e Efeitos das Decisões sobre a Constitucionalidade das Normas Jurídicas*. Lisboa: Procuradoria Geral da República, 1987.

———. *O Princípio da Dignidade da Pessoa Humana na Constituição e na Jurisprudência Constitucional Portugueses*, Separata de Direito Constitucional. Estudos em Homenagem a Manoel Gonçalves Ferreira Filho, coord. de Sérgio Resende de Barros e Fernando Aurélio Zilveti, São Paulo, Dialética, 1999.

COTTA, Sergio. *I Diritti dell'Uomo: una rivoluzione culturale*, in "Persona y Derecho", vol. XXII, 1990.

COURTOIS, Stéphane. *Enjeux philosophiques de la guerre, de la paix et du terrorisme*, Québec, PUL, 2003.

COUTINHO, Jacinto Nelson de Miranda (org.). *Canotilho e a Constituição Dirigente*. Rio de Janeiro: Renovar, 2003.

CRAGG, Wesley. *Contemporary Moral Issues*. 2ª ed. Toronto: McGraw-Hill Ryerson, 1983, máx. p. 272 ss.

CROCKATT, Richard. *The Fifty Years War: The United States and the Soviet Union in World Politics, 1941-1991*. London: Routledge, 1995.

CROSSMAN, R. H. S. *Government and Governed. A History of Political Ideas and Political Practice*, Londres, Chattu & Windus, *1958*, trad. cast. de J. A. Fernández de Castro, Biografía del Estado Moderno. 4ª ed., 2ª reimp. México: Fondo de Cultura Económica, 1994.

CRUZ VILLALÓN, Pedro. *La Constitución Inédita. Estúdios ante la Constitucionalización de Europa*. Madrid: Editorial Trotta, 2004.

CRUZ, Sebastião. *Direito Romano*, I. 3ª ed. Coimbra: s/e, 1980.

CUNHA, Maria da Conceição Ferreira da. *Constituição e Crime. Uma Perspectiva da Criminalização e Descriminalização*. Porto: Universidade Católica Portuguesa Editora, 1995.

CUNHA, Paulo Ferreira da. *Costituzionalità e prospettiva sulla Costituzione Europea*, in *Quale Costituzione per Quale Europa*, org. de Danilo Castellano. Nápoles: Edizioni Schientifiche Italiane, 2004.

———. *Lusofilias. Identidade Portuguesa e Relações Internacionais*. Porto: Caixotim, 2005.

D'AGOSTINO, Francesco. *Filosofia del diritto*. Torino: Giappichelli, 1993.

———. *I Diritti dell'Uomo tra Filosofia e Prassi: 1789-1989*, in "Persona y Derecho", vol. XXIII, 1990, p. 21 ss.

D'ORS, Álvaro. "La Libertad", in *Ensayos de Teoría Política*. Pamplona: EUNSA, 1979.

———. *Derecho y Sentido Común. Siete lecciones de derecho natural como límite del derecho positivo*. Madrid: Civitas, 1995.

DANTAS, Ivo. *Instituições de Direito Constitucional Brasileiro*. 2ª ed. Curitiba : Juruá, 2001.

DICKENS, A. G. *A Reforma na Europa do século XVI*, trad. port. de António Gonçalves Mattoso, Lisboa: Verbo, 1971.

DOMENTAT, Tamara. *Coca-Cola, Jazz & AFN: Berlin und die Amerikaner*. Berlin: Schwarzkopf, 1995.

DUARTE, Écio Oto Ramos; POZZOLO, Susanna. *Neoconstitucionalismo e Positivismo Jurídico. As Faces da Teoria do Direito em Tempos de Interpretação Moral da Constituição*. São Paulo: Landy Editora, 2006.

DUFFY, Maureen. *Men and the Beasts. An Animal Rights Handbook*. London: Paladin, 1984.

DUFOUR, Alfred. *Droits de l'Homme, Droit Naturel et Histoire*. Paris : P.U.F., 1991.

DUGUIT, Léon. *Manual de Derecho Constitucional*, ed. castelhana com um Estudo Preliminar de Jose Luis Monereo Perez; José Calvo González. Granada: Editorial Comares, 2005.

DUHAMEL, Olivier. *Pouvoir constituant*, in Dictionnaire constitutionnel, dirigido por Olivier Duhamel / Yves Meny. Paris: PUF., 1992, p. 777-778.

DUMÉZIL,George. *Mythes et Dieux des Indo-Européens*, póstumo, textos coligidos e apresentados por Hervé Coutau-Bégarie. Paris: Flammarion, 1992.

DUMONT, Jean. *La vrai controverse de Valladolid*. Paris: Critérion, 1995.

DUMOUCHEL, Paul; MELKEVIK, Bjarne (dir.). *Tolérance, pluralisme, histoire*. Paris: L'Harmattan, 1998.

DUVERGER, Maurice. *Introduction à la politique*. Paris : Gallimard, 1963, trad. port. de Mário Delgado, *Introdução à Política*. Lisboa: Estúdios Cor, 1977.

———. *Janus, les deux faces de l'Occident*. Paris: Gallimard, 1962.

DWORKIN, Ronald. *Taking rights seriously*, trad. cast. trad. de Marta Guastavino, *Los Derechos en serio*. Barcelona: Ariel, 1984.

ELLWOOD, David F.; Kroes, Rob (eds.). *Hollywood in Europe: Experiences of a Cultural Hegemony*, Amsterdam, 1994.

ENLOE, Cynthia. *The Morning After: Sexual Politics at the End of the Cold War*. Berkeley: Berkeley University Press, 1993.

ENZENSBERGER, Hans Magnus. *Aussichten auf den Bürgerkrieg*. Frankfurt: Suhrkampf, 1993, trad. cast. de M. Faber-Kaiser, *Perspectivas de guerra civil*. Barcelona : Anagrama, 1994.

ESTADO-GUERRA, *vol. 14 enciclopédia Einaudi*, versão portuguesa, Lisboa, Lisbonne, Imprensa Nacional-Casa da Moeda, 1989.

ESTEFANÍA, Joaquín. *Contra el Pensamiento Único*. Madrid: Taurus, 1997.

EVANS, Edward P. *The Criminal Prosecution and Capital Punishment of Animals. The lost history of Europe's animal trials*. London: Heinemann, 1996.

EWALD, François. *L'Etat providence*. Paris: Grasset, 1986.

FASSÒ, Guido. *San Tommaso giurista laico?*, in "Scritti de Filosofia del Diritto", a cura di E. Pattaro/Carla Faralli/G. Zucchini. Milano: Giuffrè, I, 1982.

FAVOUREAU, Louis; JOLOWICZ, John-Anthony. *Le controle jurisdictionnel des lois. Légitimité, effectivité et développements récents*. Paris: Aix, 1986.

FEHRENBACH, Heide; POIGER, Uta G. (eds.). *Transactions, Transgressions, Transformations: American Culture in Western Europe and Japan*. Oxford/New York: Berghahn, 1999.

FERRARI, Vincenz. *Giustizia e diritti umani. Osservazioni sociologico-giuridique*. Milão: Franco Angeli, 1996.

FERREIRA FILHO, Manoel Gonçalves. *Curso de Direito Constitucional*. 31ª ed. São Paulo: Saraiva, 2005.

———. *O Poder Constituinte*. 4ª ed. São Paulo: Saraiva, 2005.

FERREIRA, Pinto. *Curso de Direito Constitucional*. 11ª ed. São Paulo: Saraiva, 2001.

FEYERABEND, Paul. *Against Method*, trad. port. de Miguel Serras Pereira, *Contra o Método*, Lisboa: Relógio D'Água, 1993.

FIGUEIREDO, Marcelo. *O Controle da Moralidade na Constituição*. 2ª tiragem. São Paulo: Malheiros Editores, 2003.

FIORAVANTI, Maurizio. *Costituzione*. Bolonha: Il Mulino, 1999.

———. *Stato e Costituzione. Materiali per una Storia delle Dottrine Costituzionali*. Turim: G. Giappichelli Ed., 1993.

FONSECA, Guilherme da; DOMINGOS, Inês. *Breviário de Direito Processual Constitucional*. 2ª ed. Coimbra: Coimbra Editora, 2002.

FOUCAULT, Michel. *A Verdade e as formas jurídicas*, trad. bras. Rio de Janeiro: P.U.C., 1974.

FRACANZANI, Marcello M. *Nuova Costituzione Europea?* Chi Rappresenta Chi?, in Quale Costituzione per Quale Europa, p. 59 ss.

FREITAS, Juarez. *A Substancial Inconstitucionalidade da Lei Injusta*, Petrópolis, RJ, Vozes; Porto Alegre, RS, EDIPUCRS, 1989.

FREUND, Julien. *La décadence*. Paris: Sirey, 1984.

FRIEDE, Reis. *Ciência Política e Teoria do Estado*. Rio de Janeiro: Forense, 2002.

———. *Curso Analítico de Direito Constitucional e de Teoria Geral do Estado*. Rio de Janeiro: Forense, 1999.

FRISON-ROCHE, Marie-Anne; BARANÈS, William (dir.). *De l'injuste au juste*. Paris: Dalloz, 1997.

FROMONT, Michel. *La Justice constitutionnelle dans le monde*. Paris: Dalloz, 1996.

GALINDO, Bruno. *Teoria Intercultural da Constituição. A Transformação Paradigmática da Teoria da Constituição*. Porto Alegre: Livraria do Advogado, 2006.

GARCÍA BELAUNDE, Domigo. *De la Jurisdicción Constitucional al Derecho Procesal Constitucional*. Lima: Instituto Iberoamericano de Derecho Constitucional (Perú), 2000.

GARCÍA HUIDOBRO, Joaquin; MARTINEZ, Jose Ignacio; NUÑEZ, Manuel Antonio. *Lecciones de Derechos Humanos*. Valparaiso: EDEVAL, 1997.

———. *Defensa y Rescate de los Derechos Humanos*. Valparaiso: EDEVAL, 1987.

———. *Derechos Humanos y Liberalismo Moral*, in "Revista Chilena de Derecho", vol. 26, nº 2, p. 457-469.

———. *La dignidade del hombre*, in <http://www.geocities.com/Athens/Forum/1292/dignidad.htm>.

GARCÍA MANRIQUE, Ricardo. *La Filosofía de los Derechos Humanos durante el Franquismo*. Madrid: Centro de Estudios Constitucionales, 1996.

GARCÍA-PELAYO, Manuel. *Derecho Constitucional Comparado*. 4ª ed. Madrid: Alianza Editorial, 1984.

GAUCHET, Marcel. *La Révolution des Droits de l'Homme*. Paris: Gallimard, 1989.

GÉRARD, Philippe. *Droit, Égalité et Idéologie. Contribution à l'étude critique des principes généraux du droit*. Bruxelles: Facultés Universitaires Saint-Louis, 1981.

GOERLICH, Helmut. *Wertordnung und Grundgesetz. Kritik einer Argumentationsfigur des Bundesverfassungsgerichts*. Nomos, 1973.

GOETHEM, |H. Van; WAELKENS, L.; BREUGELMANS, K. (dir.). *Libertés, Pluralisme et Droit*. Bruxelles: Bruyllant, 1995.

GONZALEZ VICÉN, Felipe. *La Obediencia al Derecho*, in "Estudios de Filosofía del Derecho". Facultad de Derecho de la Universidad de la Laguna, 1979.

GONZÁLEZ, Marcos Francisco. *El franciscanismo de Guillermo de Ockham: una aproximación biográfica-contextual de su filosofía*, in "Revista Española de Filosofía Medieval", nº 2, 1995, p. 127 ss.

GOUVEIA, Jorge Bacelar. *Manual de Direito Constitucional*. Coimbra: Almedina, 2005, 2 vols.

———. *O Valor Positivo do Acto Inconstitucional*. Lisboa: AAFDL, reimp., 2000.

GRASSO, Pietro Giuseppe. *El Problema del Constitucionalismo después del Estado Moderno*, Madrid/Barcelona: Marcial Pons, 2005.

GREENAWALT, Kent. *Conflicts of Law and Morality*. Nova Iorque/Oxford: Oxford University Press, 1989.

GROSSI, Paolo. *Dalla Società di Società alla Insularità dello Stato fra Medioevo ed Età Moderna*. Nápoles: Istituto Universitario Suor Orsola Benincasa, 2003.

———. *'Un altro modo de possedere'*. Milano: Giuffrè, 1977.

———. *Il dominio e el cose. Percezioni medievali e moderne dei diritti reali*. Milão: Giuffrè, 1992.

GUÉENNO, Jean-Marie. *La Fin de la Démocratie*. Paris: 1993, reed. 1995.

GUILLERMO PORTELA, Jorge. *Breve Análisis de los Valores Jurídicos*, "Cultura Jurídica". México: Tribunal Superior de Justicia del Estado de México, nº 1, 2005, p. 127 ss.

GUZMÁN BRITO, Alexandro. *Sobre la Naturaleza de la Teoría de los Derechos del Hombre*, separata da "Revista de Derecho Público", 1987.

HÄBERLE, Peter. *Novos Horizontes e Novos Desafios do Constitucionalismo, Conferência Internacional sobre a Constituição Portuguesa, Fundação Calouste Gulbenkian*. Lisboa: 26 de Abril de 2006.

———. *Verfassungsentwicklungen in Osteuropa – aus der Sicht der Rechtsphilosophie und der Verfassungslehre*, in "Archiv des öffentlichen Rechts", 117 Band, Heft 2, Juni 1992.

———. *Die Verfassung des Pluralismus. Studien zur Verfassungstheorie der offenen Gesellschaft*. Koenigstein/Ts: Athenaeum, 1980.

———. *Die Wesensgehaltsgarantie des Art. 19 Abs. 2 Grundgesetz – Zugleich ein Beitrag zum institutionellen Verständnis der Grundrechte und zur Lehre des Gesetzesvorbehalts*. 3ª ed. Heidelberg, 1983, trad. cast. de Joaquín Brage Camazano, com uma Apresentação e um Estudo Preliminar de Francisco Fernández Segado. *La Garantía del Contenido Esencial de los Derechos Fundamentales en la Ley Fundamental de Bonn*. Madrid: Dykison, 2003.

———. *Verfassung als öffentlichen Prozess*. 3ª ed. Berlim: Duncker & Humblot, 1998.

———. *Verfassungslehre als Kulturwissenschaft*. Berlim: Duncker & Humblot, 1998.

———. *Grundrechte im Leistungsstaat*, in "Veröffentlichungen / der Vereinigung der deutschen Staatrechtslehrer", nº 30, 1972, p. 107 ss.

HAMON, Francis; TROPER, Michel; Burdeau, Georges. *Droit constitutionnel*. 27ª ed. Paris: LGDJ, 2001, trad. port. de Carlos Souza. *Direito Constitucional*. Barueri: São Paulo, 2005.

HEIDEGGER, Martin. *Von Wesen der Menschlichen Freiheit: Einleitung in die Philosophie*, Frankfurt, Vittorio Klostermann, 1982 (curso de 1930, texto estabelecido por Hartmut Tietjen), trad. fr. de Emmanuel Martineau, *De l'Essence de la liberté humaine. Introduction à la Philosophie*. Paris: Gallimard, 1987.

HELLER, Hermann. *Staatslehre*, Leide, 1934 (3ª ed. 1963), trad. port do Prof. Lycurgo Gomes da Motta, *Teoria do Estado*. São Paulo: Editora Mestre Jou, 1968.

HÉRAUD, Guy. L'ordre juridique et le pouvoir originaire. Paris: Sirey, 1946.
HERRERA, Carlos Miguel. La Philosophie du droit de Hans Kelsen. Une introduction. Quebeque: Les Presses de l'Université Laval, 2004.
HERVADA, Javier. Los Derechos Inherentes a la Dignidad de la Persona Humana, in "Persona y Derecho", Pamplona, 1991, *, suplemento Humana Iura, p. 345 ss.
———; ANDRES MUÑOZ, Juan. Derecho. Guia de Estudios Universitarios. Pamplona: EUNSA, 1984.
HERVADA, Javier; ZUMAQUERO, Jose M. Textos Internacionales de Derechos Humanos. Pamplona: EUNSA, 1978.
HERVADA, Javier. Lecciones propedéuticas de filosofía del derecho. Pamplona: EUNSA, 1992.
HESPANHA, António Manuel. La Gracia del Derecho. Economia de la Cultura en la Edad Moderna, trad. de Ana Cañellas Haurie. Madrid: Centro de Estudios Constitucionales, 1993.
——— (coord.), vol. IV da História de Portugal, dir. de José Mattoso, Lisboa: Círculo de Leitores, 1993, máx. p. 381 ss. (e colab. com ÂNGELA BARRETO XAVIER)
HESPANHA, Pedro et al. Entre o Estado e o Mercado. As fragilidades das instituições de protecção social em Portugal. Coimbra: Quarteto, 2000.
HESSE, Konrad. Die normative Kraft der Verfassung, Tubinga, Mohr, 1959, trad. port., A Força Normativa da Constituição. Porto Alegre: Sergio Antonio Fabris Editor, 1991.
———; HAEBERLE, Peter. Estúdios sobre la Jurisdicción Constitucional (con especial referencia al Tribunal Constitucional Alemán), trad. cast. de Eduardo Ferrer Mac-Gregor. México: Editorial Porrúa/Instituto Mexicano de Derecho Procesal Constitutional, 2005.
HIGGINS, Rosalyn. International Law in a Changing International System, in "Cambridge Law Journal", 58 (1), Março 1999, p. 78 ss.
HOEFFE, Otfried. Politische Gerechtigkeit. Grundlegung einer kritischen Philosophie von Recht und Staat, Francoforte sobre o Meno, Suhrkamp, 1987. 3ª ed. 2002, trad. port. de Ernildo Stein. 2ª ed. São Paulo: Martins Fontes, 2001.
HOLMES, Oliver Wendell. Law and the Court, palestra,1913.
———. Law in Science and Science in Law, "Harvard Law Review", vol. XII, 1899.
———. The Common Law. Cambridge: Mass. The Belknap Press of Harvard University Press, 1963 (1ª ed. 1881).
———. The Path of Law, 1897, trad. cast. de E. A. Ruso, La Senda del Derecho. Buenos Aires: Abeledo-Perrot, 1975.
HORTA, Raul Machado. Direito Constitucional. 3ª ed. Belo Horizonte: Del Rey, 2002.
HOYOS CASTAÑEDA, Ilva-Myriam. El concepto jurídico de persona. Pamplona: EUNSA, 1989.
———. La dimensión jurídica de la persona humana, in "Persona y Derecho", XXVI, 1992, p. 159 ss.
HUNTINGTON, Samuel P. et al. The Clash of Civilizations? The Debate, trad. port., O Choque das Civilizações? Lisboa: Gradiva, 1999.
INGLIS, Fred. The Cruel Peace: Everyday Life in the Cold War. London: Aurum Press, 1992.
JAUCOURT, Chevalier De. República, in Verbetes Políticos da Enciclopédia, Diderot et D'Alembert, ed. port. com trad. de Maria das Graças de Souza. São Paulo: UNESP, 2006, p. 245 ss.
JELLINEK, Georg. Algemeine Staatslehre, 1900, trad. cast. Teoría General del Estado. Nova ed. cast. Buenos Aires: Editorial Albatros, 1978.
———. Reforma y Mutación de la Constitución, ed. cast. Madrid: Centro de Estúdios Constitucionales, 1991.
JOUVENEL, Bertrand de. Du Pouvoir. Histoire naturelle de sa croissance. Nova ed. Paris: Hachette, 1972-1977.
JÚNIOR, Raul de Mello Franco. A imprensa, as ocorrências policiais e a dignidade humana: <http://www.geocities.com/Tokyo/Towers/8214/privat.html>.
KAEGI, Werner. Die Verfassung als recht. Grundordnung des Staates, 1945, trad. cast. de Sergio Diaz Ricci/ Juan José Reyven, com um Estudo Prelimiar de Francisco Fernando Segado, La Constitución como Ordenamiento Jurídico Fundamental del Estado. Madrid: Dykinson, 2005.
KAPLAN, Amy; PEASE, Donald E. (eds.). Cultures of United States Imperialism (New Americanists). Durham: Duke University Press, 1994.

KELSEN, Hans. *Das Problem der Gerechtigkeit*, trad. port. de João Baptista Machado. *A Justiça e o Direito Natural*. 2ª ed. Coimbra: Arménio Amado, 1979.

———. *Das Problem des Parlamentarismus*, in "Sociologie und Sozialphilosophie. Schriften der Soziologischen Gesellschaft in Wien", vol. III, Viena/Leipzig, 1925, trad. cast. de Manuel Atienza, in Idem, Escritos sobre la Democracia y el Socialismo. Madrid: Debate,1988.

———. *Der Staat als Integration. Eine prinzipielle Auseinendersetzung*, 1930, trad. cast e estudo preliminar de Juan Antonio García Amado. *El Estado como Integracíon. Una controversia de Principio*. Madrid: Tecnos, 1997.

———. *General Theory of Law and State*, 1945, trad. port. de Luís Carlos Borges. *Teoria Geral do Direito e do Estado*. 4ª ed. port. São Paulo: Martins Fontes, 2001.

———. *Jurisdição Constitucional*, trad. de Sérgio Sérvulo da Cunha. São Paulo: Martins Fontes, 2001.

———. *Reine Rechtslehre*, trad. port. e prefácio de João Baptista Machado. *Teoria Pura do Direito*. 4ª ed. port. Coimbra: Arménio Amado, 1976.

KERVÉGAN, Jean-François. *Hegel, Carl Schmitt – Le politique entre spéculation et positivité*, Paris, PUF, Paris, PUF, 1992, trad. port. de Carolina Huang, *Hegel, Carl Schmitt. O Político entre a Especulação e a Positividade*. Buaeri, São Paulo: Manole, 2006.

KIRCHMANN, Julius von. *Die Wertlosigkeit der Jurisprudenz als Wissenschaft. Vortrag vor der juristischen Gesellschaft*. Berlin: 1848 (nova ed. org. por Anton Shefer, 1999).

KLEIN, Claude. *Théorie et pratique du pouvoir constituant*. Paris: PUF, 1996.

KRADER, Lawrence. *Formation of the State*, Nova Jersey, Prentice Hall,1967, trad. port. de Regina Lúcia M. Morel. *A Formação do Estado*. Rio de Janeiro: Zahar, 1970.

KRAGH, Helge. *An Introduction to the Historiography of Science*, Cambridge, Cambridge University Press, 1987, trad. cast. de Teófilo de Lozoya. *Introducción a la Historia de la Ciencia*. Barcelona: Crítica, 1989.

KROES, Rob; RYDELL, Robert W.; BOSSCHER, Doeko F. J. (eds.). *Cultural Transmissions and Receptions: American Mass Culture in Europe*. Amsterdam, 1993.

KUHN, Thomas. *The Structure of Scientific Revolutions*, University of Chicago Press, 1962, trad. cast. de Agustín Contín, *La estructura de las revoluciones cientificas*. 15ª reimp. Mexico: Fondo de Cultura Económica, 1992.

KUISEL, Richard, *Seducing the French: The Dilemma of Americanization*, Berkeley, 1993.

KVATERNIK, Eugenio. *Decadência Politica. Conceptos y Perspectivas. Una Comparación entre las Teorias de la Crisis Politica de Carl Schmitt, António Gramsci y Samuel Huntington*. Buenos Aires, 1986.

LA BOÉTIE. *Discurso sobre a servidão voluntária*, trad. port. e prefácio de Manuel João Gomes, Lisboa: Antígona, 1997.

La Déclaration des droits de l'homme et du citoyen, apresentada por STÉPHANE RIALS, Paris, Hachette, 1988.

LANGHANS, Franz Paul de Almeida. *Fundamentos Jurídicos da Monarquia portuguesa*, in Estudos de Direito. Coimbra: Acta Universitatis Conimbrigensis, 1957, p. 225 ss.

LASSALE, Ferdinand. *O Que é uma Constituição Política?*, trad. port. Porto: Nova Crítica, 1976.

LEAL, Mônia Clarissa Hennig. *A Constituição como Princípio. Os Limites da Jurisdição Constitucional Brasileira*. Barueri, São Paulo, 2003.

LEBRETON, Gilles. *Libertés publiques & drois de l'Homme*. 3ª ed. Paris: Armand Colin, 1997.

LEIBHOLZ, Gehrard. *Conceptos Fundamentales de la Politica y de la Teoria de la Constitucion*, trad. cast. Madrid: Instituto de Estudios Politicos/Civitas, 1964.

———. *O Pensamento democrático como princípio estruturador na vida dos povos europeus*, trad. port. Coimbra: Atlântida, 1974.

LEPENIES, Wolf. *Ascesa e declinio degli Intellettuali in Europa*, Roma/Bari, Laterza, 1992, trad. port. de João Gama. *Ascensão e declínio dos intelectuais na Europa*, Lisboa: Edições 70, 1995.

LEROY-FORGEROT, Flora. *La Citoyenneté juridique*, tese de doutoramento na Univ. Paris II, Fev. 1999.

LEWIS, C. S., *The Abolition of Man*. Nova ed. Londres: Curtis Brown, 1987.

LIMA, Francisco Meton Marques. *As Implicações Recíprocas entre os Valores e o Direito*, in "Constituição e Democracia. Estudos em Homenagem ao Professor J. J. Gomes Canotilho", coord. de Paulo Bonavides / Francisco Gérson Maques de Lima / Faya Silveira Bedê. São Paulo: Malheiros, 2006, p. 188 ss.

LOCKE, John. *Carta sobre a tolerância*.

─────. *Sobre o governo civil* (1690): <http://daemon.ilt.columbia.edu/academic/digitexts/locke/second/locke2nd.txt>.

LOEWENSTEIN, Karl. *Teoría de la Constitución*. 3ª reimp. trad. cast. de Alfredo Yallego Anabitarte, Barcelona, 1983.

LOMBARDI VALLAURI, Luigi. A Roman Catholic Concept of Justice, in "Ratio Iuris", vol. 5, nº 3, Dec. 1992, p. 308-330.

─────. *Corso di filosofia del diritto*. Cedam: Padova, 1978, nova ed. 1981.

─────. *Diritto naturale e diritto libero*, in "Persona y Derecho", nº 23, 1990, p. 25 ss.

─────. *Saggio sul diritto giurisprudenziale*. Milano, 1967.

─────. *Terre. Terra del Nulla. Terra degli Uomini. Terra dell'Oltre*. Milano: Vita e Pensiero, 1991.

─────; DILCHER, G. (org.). *Cristianesimo, seccolarizzazione e diritto moderno*. Milano/Baden-Baden: Giuffre/Nomos Verlag, 1981.

LOUREIRO, João, et al. *Direito Constitucional. Casos práticos resolvidos*. Coimbra: Coimbra Editora, 1995.

LOURENÇO, Eduardo. "O Tempo da Justiça", in O Esplendor do Caos, Lisboa: Gradiva, 1998.

LUCAS MARTÍN, Javier de. *Por qué obedecer las leyes de la maioría?*, in Alejandro Llano (ed.), *Ética y Politica en la Sociedad Democrática*. Madrid: Espasa Calpe, 1981.

LUCAS VERDÙ, Pablo. *Teoría de la Constitución como Ciencia Cultural*. 2ª ed. corrigida e aumentada. Madrid: Dykinson, 1998.

LUCENA, Manuel de. *Rever e Romper (Da Constituição de 1976 à de 1989)*, in "Revista de Direito e de Estudos Sociais", ano XXXIII, VI da 2ª série, n. 1-2, p. 1-75.

LUHMANN, Niklas. *A Improbabilidade da Comunicação*, trad. port. com selecção e apresentação de João Pissarra, Lisboa: Vega, 1992.

─────. *Die Gesellschaft der Gesellschaft*. Frankfurt: Suhrkamp, 1997.

LUKES, Steven. *O Curioso Iluminismo do Professor Caritat*, trad. port. de Teresa Curvelo. Lisboa: Gradiva, 1996.

─────. *Cinco Fábulas sobre los Derechos Humanos*, in De los Derechos Humanos, ed. de Stephen Shute e Susan Hurly, trad. cast. de Hernando Valencia Villa, Madrid, Trotta, 1998, p. 29 ss.

LYON-CAEN, Gérard. *Informe de Síntesis*, in Crisis del Estado de Bienestar y Derecho Social, ed. de Antonio Marzal. Barcelona: J. M. Bosh Edit/ESADE, Facultad de Derecho, 1997.

MAASE, Kaspar. *Bravo Amerika: Erkundungen zur Jugendkultur der Bundesrepublik in den fünfziger Jahren*, Hamburg, 1992.

MAGALHÃES, José Luiz Quadros. *Direito Constitucional*. 2ª ed. Belo Horizonte: Mandamentos, 2002.

MALTBY, Richard. *Passing Parade. A History of Popular Culture in the Twentieth Century*. New York: Oxford University Press, 1989.

MAMARI FILHO, Luís Sérgio Soares. *A Comunidade Aberta de Intérpretes da Constituição*. Rio de Janeiro: Lúmen Iuris, 2005.

MANCINI, Federico. *Per uno Stato europeo*, "Il Mulino", 377, Maio-Junho de 1998, p. 408 ss. Comentando, J. H. H. Weiler. *La Costituzione dell'Europa*, p. 537ss.

MARITAIN, Jacques. *Los Derechos del Hombre*, trad. cast. México: Fondo de Cultura Económica, 1947.

MARSHALL, Carla C. *Curso de Direito Constitucional*. Rio de Janeiro, Forense, 2000.

MARTÍNEZ ESTAY, José IG. *Jurisprudencia Constitucional Española sobre Derechos Sociales*. Barcelona: Cedecs, 1997.

MARTÍNEZ YÁÑEZ, Nora María. *La obediencia al Derecho en la Filosofía del Derecho Española (1978-1998)*. Santiago de Compostela: Facultad de Derecho, 1999 (policóp.).

MARTINEZ, Vinício C. *Estado do bem estar social ou Estado social?* Teresina, "Jus Navigandi", a. 9, n. 656, 24 abr. 2005. Disponível em: <http://jus2.uol.com.br/doutrina/texto.asp?id=6623>. Acesso em: 21 abr. 2006.

MARTINS, Afonso d'Oliveira. *O Poder Constituinte na Génese do Constitucionalismo Moderno*, "Estado & Directo", ns. 5-6, 1990.

MARTINS, Ana Maria Guerra. *Curso de Direito Constitucional da União Europeia*. Coimbra: Almedina, 2004.

MARTINS, Guilherme d'Oliveira. *O Novo Tratado Constitucional Europeu. Da Convenção à CIG.* Fundação Mário Soares/Gradiva, 2004.

MARTINS, Ives Gandra da Silva. *A Constituição Aplicada.* Belém: CEJUP, 1990, 4 vols.

———. *Direito Constitucional Interpretado.* São Paulo: Revista dos Tribunais, 2002.

MARTINS, Margarida Salema d'Oliveira. *O Princípio da Subsidiariedade em Perspectiva Jurídico-Política.* Coimbra: Coimbra Editora, 2003.

MARZAL, Antonio. *Crisis del Estado de Bienestar y Derecho Social.* Barcelona: J. M. Bosh Edit/ESADE, Facultad de Derecho, 1997.

MASSINI-CORREAS, Carlos I. *Los Derechos Humanos, paradoja de nuestro tiempo.* Santiago do Chile: ed. do Autor, 1989.

MATTEUCI, Nicola. *Organizzazione del Pottere e Libertà. Storia del Costituzionalismo moderno,* UTET, 1988, trad. cast. de Francisco Javier Ansuátegui Roig; Manuel Martínez Neira. *Organización del Poder y Libertad. Historia del Constitucionalismo Moderno,* Apresentação de Bartolomè Clavero. Madrid: Trotta, 1998.

MAUSS, Marcel. *Sociologie et Anthropologie,* com introd. de Claude Lévi-Strauss, Paris, P.U.F., 1973 (inclui, na 2ª parte: *Essai sur le don. Forme et raison de l'échange dans les sociétés archaïques,* in ex de AS, 2ª série, 1923-1924, t. I).

Mc ILWAIN, Charles Howard. *Constitutionalism – ancient and modern,* revised ed., Ithaca. New York: Cornell Univ. Press, 1974.

McCORMICK, Neil. *Beyond the Sovereign State,* in "The Modern Law Review", vol. 56, Janeiro de 1993, nº 1, p. 1 ss.

MCWHINNEY, Edward. *Constitution-Making: Principles, Process, Practice.* Toronto: University of Toronto Press, 1981.

MELENDO, Tomás. *Más sobre la dignidad humana,* in "Cuadernos de Bioetica", vol. VIII, nº 32, 4ª, 1997, p. 1480 ss.

MELLO, Evaldo Cabral de. *Um Imenso Portugal. História e Historiografia.* São Paulo: Editora 34, 2002.

MELO, António Barbosa de. *Legitimidade Democrática e Legitimação Governamental na União Europeia,* in "Boletim da Faculdade de Direito". "Estudos em Homenagem ao Prof. Doutor Rogério Erhardt Soares". Coimbra: Coimbra Editora / Faculdade de Direito, 2001, p. 103 ss.

MENAUT, Antonio-Carlos Pereira. *Constitución, Principios, Valores,* in "Dereito", vol. 13, nº 1, 2004, p. 189-216.

———. *El Ejemplo Constitucional de Inglaterra.* Madrid: Universidad Complutense, 1992.

MEYERS, Diana T. *Inalenable Rights.* Nova Iorque: Columbia University Press, 1985, trad. cast. de E. Beltrán Pedreira, *Los Derechos Inalienables.* Madrid: Alianza Editorial, 1888.

MIGUEL, Jorge. *Curso de Direito Constitucional.* 2ª ed. Atlas, 1991.

MINC, ALAIN. *L'Ivresse Démocratique,* Paris : Gallimard, 1995, trad. port. de Maria da Graça Morais Sarmento, Lisboa: Difel, 1995.

MIRANDA Jorge. *Contributo para uma Teoria da Inconstitucionalidade.* Lisboa, 1968.

———. *A Constituição de 76 – Formação, Estrutura, Princípios Fundamentais.* Lisboa, 1978.

———. *A Interpretação da Constituição Económica, Separata do número especial do "Boletim da Faculdade de Direito".* "Estudos em Homenagem ao Prof. Doutor Afonso Rodrigues Queiró", 1986, Coimbra, 1987.

———. *Acabar com o Frenesim Constitucional, Separata do volume colectivo nos 25 Anos da Constituição da República Portuguesa.* Lisboa: Associação Académica da Faculdade de Direito de Lisboa, 2001.

MIRANDA, Jorge. *Direito Constitucional, III. Integração Europeia, Direito Eleitoral, Direito Parlamentar,* Lisboa: AAFDL, 2001.

———. *Manual de Direito Constitucional.* Coimbra: Coimbra Editora, 6 vols., vvs. eds.

———. *Sobre a Chamada Constituição Europeia,* in "Público", 2 de Julho de 2003.

———. *Teoria do Estado e da Constituição.* Coimbra: Coimbra Editora, 2002.

———. *Manual de Direito Constitucional, II. Constituição.* 4ª ed. Coimbra : Coimbra Editora, 2000.

MIRANDOLA, Giovanni Picco Della. *Diálogo de la Dignidad del Hombre:* <http://www.uniovi.es/~filesp/0005-com.htm>.

MONCONDUIT, François. *Quelle Conscience d'appartenance pour faire vivre une constitution européenne?* in Quale Costituzione per Quale Europa.

MONTESQUIEU. *De l'Esprit des lois* (1748).

MONTORO BALLESTEROS, Alberto. *Sobre la revisión critica del derecho subjetivo desde los supuestos del positivismo lógico.* Murcia: Universidad de Murcia, 1983.

———. *Razones y Límites de la Legitimación Democrática del Derecho.* Murcia: Universidad de Murcia, 1979.

MONZEL, Nikolaus. *Katholische Soziallehre II*, Colónia, J. P. Bachem, 1967, versão cast. de Alejandro Estebán Lator Rós, *Doctrina Social.* Barcelona: Herder, 1972.

MORAES, Alexandre de. *Direito Constitucional.* 15ª ed. São Paulo: Atlas, 2004.

MORAIS, Carlos Blanco de. *Justiça Constitucional.* Coimbra: Almedina, 2002 e 2005, 2 vols.

MOREIRA, Vital. *Revisão e Revisões:* A Constituição ainda é a mesma?, in 20 Anos da Constituição de 1976, col. Stvdia Ivridica. Coimbra: Coimbra Editora / Faculdade de Direito, 2000, p. 197 ss.

——— (coord.). *Carta de Direitos Fundamentais da União Européia.* Coimbra: Coimbra Editora, Ius Gentium Conimbrigae, Faculdade de Direito de Coimbra, 2001.

MORESO, José Juan. *Conflictos entre Principios Constitucionales*, in Neoconstitucionalismo(s), ed. de Miguel Carbonell. Madrid : Trotta, 2003, p. 99 ss.

MORTATI, A. *La Persona, lo Stato e le comunità intermedie.* 2ª ed. Turim: ERI, 1971.

MORTATI, Costantino. *Concetto, Limitti, Procedimento della Revisione Costituzionale*, "Rivista Trimestrale di Diritto Pubblico", 1952.

———. *La Costituzione in Senso Materiale*, Milão: Giuffrè, 1940, reed. 1998.

———. *La Costituzione in Senso Materiale*, reed. Milão: Giuffrè, 1998.

———. *Studi sul Potere Costituente e sulla Reforma Costituzionale dello Stato.* Milão: Giuffrè, 1972.

MOTA, Leda Pereira; SPITZCOVSKY, Celso. *Curso de Direito Constitucional.* 5ª ed. São Paulo: Juarez de Oliveira, 2000.

MOURA, José Souto de. *Dignidade da pessoa e poder judicial*: <http://www.smmp.pt/moura.htm>.

MOURA, Paulo Veiga e. *A Privatização da Função Pública*, Coimbra: Coimbra Editora, 2004.

MUELLER, Friedrich. *Fragment (ueber) Verfassunggebende Gewalt des Volkes,* Berlim, Duncker & Humblot, 1995, trad. port. de Peter Naumann, *Fragmento (sobre) o Poder Constituinte do Povo*, São Paulo: Revista dos Tribunais, 2004.

———. *Métodos de Trabalho do Direito Constitucional.* 3ª ed. port. Rio de Janeiro/São Paulo/Recife: Renovar, 2005.

———. *Juristische Methodik.* Berlim: Duncker & Humblot, 1993 (trad. fr., *Discours de la Méthode Juridique.* Paris: P.U.F., 1996).

NABAIS, José Casalta. *Algumas reflexões críticas sobre os Direitos Fundamentais*, Separata do volume comemorativo "Ab Uno ad Omnes – 75 anos da Coimbra Editora", s.d.

———. *Os Direitos Fundamentais na Jurisprudência do Tribunal Constitucional,* Separata do vol. LXV (1989) do "Boletim da Faculdade de Direito da Universidade de Coimbra", Coimbra, 1990.

NADAL, Fábio. *A Constituição como Mito. O Mito como Discurso Legitimador da Constituição*, Apresentação de Dimitri Dimoulis, Prefácio de André Ramos Tavares. São Paulo: Editôra Método, 2006.

NEGRI, Antonio. *The Constituent Power,* trad. cast. de Clara de Marco, *El Poder Constituyente. Ensayo sobre las alternativas de la modernidad.* Madrid: Libertarias / Prodhufi, 1994.

NEUWHAL, N. A.; ROSAS, A. *The European Union and Human Rights*, The Hague, Kluwer, 1995.

NEVES, Fernando Santos. *Introdução ao Pensamento Contemporâneo*, Lisboa: EUL, 1997.

NEVES, Marcelo. *A Constitucionalização Simbólica.* São Paulo: Acadêmica, 1994.

NIETZSCHE, Friedrich. *Humano, demasiado Humano. Um Livro para espíritos livres*, trad. port. de Paulo Osório de Castro, com prefácio de António Marques, Relógio d'Água, 1997.

NOVAES, Adauto (org.). *A Crise do Estado-Nação.* Rio de Janeiro: Civilização Brasileira, 2003.

NOVAIS, Jorge Reis. *Os Princípios Constitucionais Estruturantes da República Portuguesa.* Coimbra: Coimbra Editora, 2004.

NUNES, António Avelãs et al. *Os Caminhos da Privatização da Administração Pública*. Coimbra: Faculdade de Direito/Coimbra Editora, col. Stvdia Iviridica, nº 60, 2001.

O Parlamento Europeu e a Constituição Europeia, Parlamento Europeu, Serviço de Publicações, s.d.

OLIVAS, Enrique. *et al. Problemas de Legitimación en el Estado Social*. Madrid: Trotta, 1991.

OLLERO TASSARA, Andres. *Derechos Humanos y Metodologuia Juridica*, Madrid, Centro de Estudios Constitucionales, 1989.

ORWELL, George. *Animal Farm*, trad. port., *O Triunfo dos Porcos*. Lisboa: Perspectivas & Realidades, 1977.

OTERO PARGA, Milagros. *Valores Constitucionales. Introducción a la Filosofía del Derecho: axiologia jurídica*. Santiago de Compostela : Universidade de Santiago de Compostela, 1999.

OTIS, Ghislain; MELKEVIK, Bjarne. *L'universalisme moderne à l'heure des identités: le défi singulier des peuples autochtones*, in "Les Droits Fondamentaux, actes". Bruxelles: Bruyllant, 1997.

OVEJERO, Félix et al. (org.). *Nuevas Ideas Republicanas*. Barcelona/Buenos Aires/México: Paidós, 2003.

PACE, Alessandro; VARELA, Joaquín. *La Rigidez de las Constituciones Escritas*. Madrid: Centro de Estúdios Constitucionales, 1995.

PAIVA, Manuel José de. *Governo do mundo em seco...*, Lisboa: Domingos Rodrigues, II tomo, 1751.

PASCOAES, Teixeira de. *Arte de Ser Português*, ed. de Lisboa: Assírio & Alvim, 1991.

PECES-BARBA, Gregorio. *Derechos Sociales y Positivismo Juridico (Escritos de filosofia Jurídica y Política)*, Universidad Carlos III de Madrid/Dykison, 1999.

———. *Los Valores Superiores*. 1ª reimp. Madrid: Tecnos, 1986.

———. *Seguridad Jurídica y Solidariedad como Valores de la Constitución Española*, in Funciones y Fines del Derecho. Estudios en Honor del Profesor Mariano Hurtado Bautista. Múrcia: Universidad de Murica, 1992.

———. *Escritos sobre Derechos Fundamentales*. Madrid: EUDEMA, 1988.

———. *Los Valores Superiores*. 1ª reimp. Madrid: Tecnos, 1986.

PELLS, Richard F. *Not Like US: How Europeans Loved, Hated and Transformed American Culture Since World War II*. New York, 1997.

PEREIRA MENAUT. Antonio-Carlos; BRONFMAN, A.; CANCELA OUTEDA, C.; HAKANSSON, C. La *Constitución Europea. Tratados Constitutivos y Jurisprudência*, Santiago de Compostela, Publicacións da Cátedra Jean Monnet, Universidade de Santiago de Compostela, 2000.

———. *Crecer en Constitucionalismo sin crecer en Estatismo. Una propuesta de Arquitectura Constitucional para la EU*, in "Temas de Integração". A União Europeia. Os Caminhos depois de Nice, 2º semestre de 2001, 1º semestre de 2002, nº 12 e 13, p. 105-129.

———. *El Ejemplo Constitucional de Inglaterra*. Madrid: Universidad Complutense, 1992.

———, et al. (org.). *La Constitución Europea. Tratados Constitutivos y Jurisprudência*, Santiago de Compostela, Cátedra Jean Monnet da Universidad de Santiago de Compostela, 2000.

———. *El Ejemplo constitucional de Inglaterra*. Madrid: Univ. Complutense, 1992.

———. *Judicialismo*, in Instituições de Direito, I. *Filosofia e Metodologia do Direito*, org. nossa. Coimbra: Almedina, 2000.

PEREIRA, André Gonçalves. *O Semi-Presidencialismo em Portugal*. Lisboa: Ática, 1984.

PETIT, Carlos (ed.). *Pasiones del jurista: amor, memoria, melancolía, imaginación*. Madrid: Centro de Estudios Constitucionales, 1997.

PETIT, Philip. *Republicanism. A Theory of Freedom and Government*. Oxford: Oxford University Press, 1997.

PIÇARRA, Nuno. *A Separação dos Poderes como Doutrina e Princípio Constitucional*. Coimbra: Coimbra Editora, 1989.

PINTO, Luzia Marques da Silva Cabral. *Os Limites do Poder Constituinte e a Legitimidade Material da Constituição*. Coimbra: Coimbra Editora, Faculdade de Direito, 1994.

PINTO, Paulo Mota. *Notas sobre o direito ao livre desenvolvimento da personalidade e os direitos de personalidade no direito português*, in "A Constituição Concretizada. Contruindo pontes com o Público e o Privado", org. de Ingo Wolfgang Sarlet, Porto Alegre: Livraria do Advogado Editora, 2000, p. 61-83.

PIRES, Francisco Lucas. *A Política Social Comunitária como exemplo do Princípio da Subsidiariedade*, in "Revista de Direito e de Estudos Sociais". Coimbra: Almedina, Julho-Dezembro de 1991, ano XXXIII (VI da 2ª série), n.os 3-4, p. 239-259.

———. *Introdução ao Direito Constitucional Europeu.* Coimbra: Almedina, 1997.

———. *Teoria da Constituição de 1976. A Transição dualista.* Coimbra: s/e, 1988.

PISANI, Proto. *La tutela giurisdizionale dei diritti Della personalità e techniche di tutela*, in "Foro it.", 1990, V, 1 ss.

POCOCK, John G. A. *Linguagens do Ideário Político*, org. de Sérgio Miceli, trad. port. de Fábio Fernandez. São Paulo: Editora da Universidade de São Paulo, 2003.

———. *The Machiavellian Moment. Florentine Political Thought and the Atlantic Republican Tradition.* Pinceton/Londres: Princeton University Press, 1975.

POITRINEAU, Abel. *Les Mythologies révolutionnaires.* Paris: P.U.F., 1987.

POPPER, Sir Karl R. *The Open Society and its Enemies* (1957, revista em 1973), trad. port. *A Sociedade Aberta e seus Inimigos.* Belo Horizonte: Editora da Universidade de São Paulo/Editora Itatiaia, I, 1974.

POSNER, Richard (ed.). *The Essential Holmes.* Chicago: The University of Chicago Press, 1992.

POUND, Roscoe. *Law in Books and Law in Action,* "American Law Review", vol. XLIV, 1910.

———. *Mechanical Jurisprudence,* "Columbia Law Review", vol. VIII, 1908.

PRIETO SANCHÍS, Luís. *Constitucionalismo y Positivismo.* México : Fontamara, 1997.

——— (coord.). *Tolerancia y Minorías. Problemas jurídicos y políticos de las minorías en Europa.* Cuenca: Universidad de Castilla – La Mancha, 1996.

———. *Constitucionalismo y Positivismo.* México: Fontamara, 1997.

———. *Estudios sobre Derechos Fundamentales.* Madrid: Debate, 1990.

PUTTNAM, David. *The Undeclared War: The Struggle for Control of the World´s Film Industry.* London, 1997.

PUY, Francisco. *Derechos Humanos.* Santiago de Compostela: Imprenta Paredes, 3 vols., 1985.

———. *Tópica Juridica.* Santiago de Compostela: I. Paredes, 1984.

QUADROS, Fausto de. *Direito Comunitário I. Programa, Conteúdo e Métodos do Ensino.* Coimbra: Almedina, 2000.

———. *O Princípio da Subsidiariedade no Direito Comunitário após o Tratado da União Européia.* Coimbra: Almedina, 1995.

QUEIRÓ, Afonso Rodrigues. *Os Fins do Estado (Um Problema de Filosofia Política),* Suplemento ao vol. XV do "Boletim da Faculdade de Direito", Universidade de Coimbra, 1939, p. 1 a 72.

QUEIROZ, Cristina. *Direitos Fundamentais (Teoria Geral).* Coimbra: Coimbra Editora / Faculdade de Direito da Universidade do Porto, 2002.

———. *Direitos Fundamentais Sociais.* Coimbra: Coimbra Editora, 2006.

———. *O Princípio da Não Reversibilidade dos Direitos Fundamentais Sociais. Princípios Dogmáticos e Prática Jurisprudencial.* Coimbra: Coimbra Editora, 2006.

QUENTAL, Antero de. *Causas da Decadência dos Povos Peninsulares.* 6ª ed. Ulmeiro, 1994.

RABI-BALDI CABANILLAS, Renato. *La Filosofía Jurídica de Michel Villey.* Pamplona: EUNSA, 1990.

RADBRUCH, Gusta Gustav. *Vorschule der Rechtsphilosophie*, trad. Cast. De Wenceslao Roces, *Introducción a la Filosofía del Derecho*, México et al., Fondo de Cultura Económica. 4ª ed. em cast., 1974.

RADCLIFFE-BROWN, R. *Estrutura e Função nas Sociedades Primitivas*, trad. port. de Maria João Freire, Lisboa: Edições 70, 1989.

RAMAUX, Christophe. *L'Etat social: une révolution qui n'as pas sa théorie*, Actes de l'Université d'été, ed. Mille et une nuits, 2004.

RAMPELBERG, René-Marie. *O Nomen dulce Libertatis, in Libertés, pluralisme et droit. Une approche historique*, dir. De H. Van Goethem, L. Waelkens, K. Breugelmans, p. 25 ss.

REALE, Miguel. *Invariantes Axiológicas*, in Paradigmas da Cultura Contemporânea, 2ª tiragem. São Paulo, 1999, p.95 ss.

———. *Liberdade antiga e Liberdade moderna*, in Horizontes do Direito e da História. 2ª ed. São Paulo: Saraiva, 1977.

———. *Filosofia do Direito*. 13ª ed. São Paulo: Saraiva, 1990.
REBELO, Marta. *Constituição e Legitimidade Social da União Europeia*. Coimbra: Almedina, 2005.
REIS, António (coord.). *A República Ontem e Hoje, II Curso Livre de História Contemporânea*. Lisboa: Colibri, 2002.
———. *O Suave Milagre da Constituição*, in "Opção", ano 1, nº 7, 1976.
REIS, José Alberto dos. *Ciência Política e Direito Constitucional*. Coimbra, 1908.
RENAUD, Michel. *A Dignidade do Ser Humano como Fundamento Ético dos Direitos do Homem – II*, in "Brotéria", 148 (1999), nº 423-438.
RESZLER, André. *Mythes politiques modernes*. Paris: PUF, 1981.
RIALS, Stéphane. *Supraconstitutionnalité et systématicité du droit*, "Archives de Philosophie du Droit", t. XXXI. Paris: Sirey, 1986.
RIGAUX, Marie-Françoise. *La théorie des limites matérielles à l'exercice de la fonction constituante*. Bruxelles: Larcier, 1985.
RIMOLI, Francesco. *Costituzione Rígida, Potere di Revisione e Interpretazione per Valore*, "Giurisprudenza Costituzionale", XXXVII, nº 5, 1992.
ROBERTSON, A. H., revised by J. G. MERRILS. *Human rights in the world. An introduction to the study of the international protection of Human Rights*. Manchester: Manchester University Press (n/ ed. 1992).
ROMERO, Jose Luis. *Estudio de la Mentalidad Burguesa*. Madrid: Alianza Editorial, 1987.
ROSANVALLON, Pierre. *La crise de l'Etat providence*. Paris: Seuil, 1981.
ROTHENBURG, Walter Claudius. *Inconstitucionalidade por Omissão e Troca do Sujeito*. São Paulo: Revista dos Tribunais, 2005.
ROULAND, N.; PIERRÉ-CAPS, S.; POUMARÈDE, J. *Droit des minorités et des peuples autochtones*. Paris: P. U. F., 1996.
RYBACK, Timothy. *Rock Around the Bloc: A History of Rock Music in Eastern Europe and the Soviet Union*. New York, 1990.
SALDANHA, Nelson. *Formação da Teoria Constitucional*. 2ª ed. Rio de Janeiro/São Paulo: Renovar, 2000.
SALDANHA, Nelson. *Pela Preservação do Humano. Antropologia Filosófica e Teoria Política*. Recife: FUNDARPE, 1993.
———. *Da Teologia à Metodologia. Secularização e crise no pensamento jurídico*. Belo Horizonte: Del Rey, 1993.
———. *Filosofia, Povos, Ruínas*. Rio de Janeiro: Caliban, 2002.
SANCHES VIAMONTE, Carlos. *El Poder Constituyente*, Ed. Argentina, 1957.
SÁNCHEZ AGESTA, Luis. *Curso de Derecho Constitucional Comparado*. Madrid: Universidade de Madrid, Facultad de Derecho, Seccion de Publicaciones, 1980.
SANCHEZ DE LA TORRE, Angel et al. *El Estado de Derecho en la España de Hoy*, Sección de Filosofía del Derecho de la Real academía de Jurisprudencia y Legislación/Actas Editorial, Madrid, 1996.
———. *Sociologia del Derecho*. 2ª ed. Madrid: Tecnos, 1987.
SANTAMARÍA, Javier. *Los Valores Superiores en la Jurisprudencia del Tribunal Constitucional: libertad, igualdad, justicia y pluralismo político*. Madrid: Dykison/Universidad de Burgos, 1997.
SANTIAGO NINO, Carlos. *Fundamentos de Derecho Constitucional. Análisis Filosófico, Jurídico y Politológico de la Prática Constitucional*. Buenos Aires: Astrea, 2000.
SANTOS, António de Almeida. *União Europeia: Projecto portador de Futuro ou Santa Casa da Misericórdia?*, in "Civismo e Rebelião", Mem Martins, Europa-América, 1995.
———. *Do outro lado da esperança*. 2ª ed. Lisboa: Notícias, 1999 (1ª 1999).
SANTOS, Fernando Ferreira dos. *Princípio Constitucional da Dignidade da Pessoa Humana*: <http://www.apriori.com.br/artigos/arti_199.htm>.
SARLET, Ingo Wofgang (org.). *Dimensões da Dignidade*. Porto Alegre: Livraria do Advogado, 2005.
———. *A Eficácia dos Direitos Fundamentais*. 5ª ed. Porto Alegre: Livraria do Advogado, 2005.
———. *Direitos Fundamentais e Direito Privado: algumas considerações em torno da vinculação dos particulares aos direitos fundamentais*, in "A Constituição Concretizada. Construindo pontes com o Público e o Privado", org. de Ingo Wolfgang Sarlet. Porto Alegre: Livraria do Advogado, 2000, p. 107 ss.

------ (org.). *Constituição, Direitos Fundamentais e Direito Privado*. 2ª ed. revista e ampliada. Porto Alegre: Livraria do Advogado, 2006.
------ (Org.). *O Novo Código Civil e a Constituição*. Porto Alegre: Livraria do Advogado, 2006.
SARTORI, Giovanni. *Comparative Constitutional Enginnering: An Inquiry into Structure, Incentives and Outcomes*. Nova Iorque: New York University Press, 1994.
SAVIGNY, Friedrich Karl von. *La Vocazione del nostro Secolo per la Legislazione e la Giurisprudenza*, trad. It. Bolonha: Forni, 1968.
SCALISI. *Il valore della persona nel sistema e i nuovi diritti Della personalità*, Milão, 1990.
SCHMITT, Carl. *Der Hüter der Verfassung*, trad. cast. de Manuel Sanchez Sarto, com um Prólogo de Pedro de Vega, *La Defensa de la Constitución*. Madrid: Tecnos, 1998.
------. *Der bürgerliche Rechtsstaat*, "Abendland", 3, 1928, p. 201 ss.
------. *Verfassungslehre*, trad. cast. de Francisco Ayala, *Teoría de la Constitución*. Madrid: Alainza editorial, 1982.
SCHOUPPE, Jean-Pierre. *Le Réalisme juridique*. Bruxelles: Story-Scientia, 1988.
SCHWARTZ, Germano André Doerdelein. *A Constituição, a Literatura e o Direito*. Porto Alegre: Livraria do Advogado, 2006.
SÉRIAUX, Alain. *Le Droit Naturel*. Paris: P.U.F., 1993.
SHANE, Scott. *Dismantling the Iron Curtain: How Information Ended the Soviet Union*. Chicago, 1994.
SIDJANSKI, Dusan. *L'approche fédératif de l'union européenne ou la quête d'un fedéralisme*, Notre Europe, 2001, trad. port. de Teresa Braga, *Para um Federalismo Europeu. Uma Perspectiva Inédita sobre a União Européia*. Estoril: Principia, 2001.
------. *L'Avenir fédéraliste de l'Europe*, Paris, PUF, 1992, trad. port. de Maria Carvalho, *O Futuro Federalista da Europa*. Lisboa: Gradiva, 1996.
SIEYES, Emmanuel. *Qu'est-ce que le Tiers Etat?*, ed. crit. de Edme Champion, p. 68, apud <http://visualiseur.bnf.fr/Visualiseur?Destination=Gallica&O=NUMM-89685>.
------. *Reconnaissance et exposition raisonnée des droits de l'Homme et du Citoyen*, 20 e 21 de Julho de 1789, in FURET, François / HALEVI, Ran (textos estabelecidos, anotados... por) – *Orateurs de la Révolution française*. I. Les Constituants, Paris, Gallimard, La Pléiade, 1989.
SILVA, Agostinho da. *Justiça*, in Diário de Alcestes, nova ed., Lisboa: Ulmeiro, 1990.
SILVA, José Afonso da. *Curso de Direito Constitucional Positivo*. 20ª ed. São Paulo: Malheiros, 2002.
------. *Manual da Constituição de 1988*. São Paulo: Malheiros, 2002,
SILVA, José da. *Os direitos e deveres naturais do homem e as funções do Estado segundo a 'Pacem in Terris'*. Coimbra: Atlântida, 1974 (1ª ed., 1963).
SILVA, Paulo Thadeu Gomes da. *Poder Constituinte Originário e sua Limitação Material pelos Direitos Humanos*. Campo Grande, Mato Grosso do Sul: Solivros, 1999.
SINGER, Peter. *Animal Liberation*. Nova ed. Avon, 1991.
------. *Ethics into Action*. Rowman & Littlefield, 1998.
SINHA, Surya Prakash. *Why has not beeen possible to define Law*, in ARSP, 1989, LXXV, Heft 1, 1. Quartal, Stuttgart, Steiner, p. 1 ss.
SLABI FILHO, Nagib. *Direito Constitucional*, Rio de Janeiro: Forense, 2004.
SNOW, Nancy. *Propaganda, Inc.: Selling America's Culture to the World*, New York, Seven Stories Press, 1998.
SOARES, Rogério Ehrardt. *Direito Público e Sociedade Técnica*. Coimbra: Atlântida, 1969.
------. *O Conceito Ocidental de Constituição*, in "Revista de Legislação e Jurisprudência". Coimbra, nos. 3743-3744, p. 36 ss.; p. 69 ss., 1986.
------. *Constituição. Política*, in "Polis", vol. I. Lisboa/São Paulo: Verbo, 1983, col. 1164 ss.
------. *Direito Constitucional: Introdução, O Ser e a Ordenação Jurídica do Estado*, in Instituições de Direito. II. Enciclopédia Jurídica, org. de Paulo Ferreira da Cunha. Coimbra: Almedina, 2000, p. 29 ss.
------. *Interesse Público, Legalidade e Mérito*. Coimbra: Atlântida, 1959.
SOUSA, José Pedro Galvão de. *Da Representação Política*. São Paulo: Saraiva, 1971.

———. *O Totalitarismo nas origens da Moderna Teoria do Estado*, s.e. São Paulo, 1972.
SOUSA, Marcelo Rebelo de. *Direito Constitucional, I. Introdução à Teoria da Constituição*. Braga: Livraria Cruz, 1979.
———. *O Sistema de Governo Antes e Depois da Revisão Constitucional*. Lisboa: 1983.
SOUSA, Rabindranath Capelo de. *O Direito Geral de Personalidade*. Coimbra: Coimbra Editora, 1995
STAMATO, Bianca. *Jurisdição Constitucional*. Rio de Janeiro: Lúmen Iuris, 2005.
STARCK, Christian. *La Constitution, cadre et mesure du droit*. Paris: Presses Univ. D'Aix Marseille, 1994.
STAROBINSKI, Jean. *L'Invention de la Liberté, 1700-1789*. 2ª ed. Genebra: Skira, 1987.
STEVENS, Richard G.; FRANCK, Maatthe W. J. (eds.). *Sober as a Judge: The Supreme Court and Republican Liberty*. Lanham: Lexington Books, 1999.
STOLLEIS, Michael. *Geschichte des öffentlichen Rechts in Deutschland*, 3 vols., Munique, C. H. Beck (2 publicados, 1988, 1992).
STRAYER, Joseph R. *On the Medieval Origins of the Modern State*, Princeton University Press, trad. port., *As Origens Medievais do Estado Moderno*. Lisboa: Gradiva, s/d.
TAJADURA TEJADA, Javier. *El Preâmbulo Constitucional*. Granada: Comares, 1997.
TARANTINO, Antonio (ed.). *Legittimità, Legalità e Mutamento Costituzionale*. Milão: Giuffrè, 1980.
TARDE, Gabriel de. *Les Lois de l'imitation*. Paris: 1895, trad. port., *As Leis da Imitação*, Porto, Rés, s/d.
TAVARES, André Ramos. *Curso de Direito Constitucional*. 2ª ed. São Paulo: Saraiva, 2003.
———. *Fronteiras da Hermenêutica Constitucional*. São Paulo: Método, 2006.
———. *Teoria da Justiça Constitucional*. São Paulo: Saraiva, 2005.
TEIXEIRA, J. H. Meirelles. *Curso de Direito Constitucional*, org. de Maria Garcia. Rio de Janeiro: Forense Universitária, 1991.
TEMER, Michel. *Elementos de Direito Constitucional*. 19ª ed. São Paulo: Malheiros, 2004.
TESTER, Keith. *Animals & Society. The humanity of animal rights*, London/New York, Routledge, 1991
THOMASHAUSEN, André. *Constituição e Realidade Constitucional,* in "Revista da Ordem dos Advogados", ano 37. Lisboa, 1977, p. 471 ss.
TOCQUEVILLE, Alexis de. *L'Ancien Régime et la Révolution*. Paris: Gallimard, 1967.
TORRES DEL MORAL, Antonio. *Introducción al Derecho Constitucional*. Madrid: Universidad Complutense, 1996.
TRIGEAUD, Jean-Marc. "La Théorie du Droit face aux savoirs de substitution", in *Justice et Tolérance*. Paris: Bière, 1997, p. 85 ss.
———. *Ce droit naturel que le positivisme a inventé*, in *Métaphysique et Éthique au Fondement du Droit*. Bordeaux: Biere, 1995, p. 161 ss.
———. *Drois naturels et droits de l'homme à l'aube du XXème siècle: la tradition classique du droit naturel et son de´passement personnaliste*, in Métaphysique et Éthique au Fondement du Droit. Bordeaux : Biere, 1995.
———. *Idée de Personne et Vérité du Droit. De la Dikélogia à la Prosopologie*, in "Filosofia Oggi". Genova : Edizione dell'Arcipelago, anno XIV, n. 56, F. IV, out.-dez. 1991, p. 475 ss.
———. *Introduction à la Philosophie du Droit*. Bordeaux: Bière, 1992, p. 76.
———. *La Personne Dénaturalisée. De l'impuissance de la 'naturalistic fallacy' à atteindre la personne,* in "Persona y Derecho", 29, 1993, p. 139 ss.
———. *La Personne Humaine, sujet de Droit,* in AA. VV. – La Personne Humaine, sujet de Droit. Paris: P.U.F., 1994.
———. *La tradizione classica del diritto naturale e il suo superamento personalistico*, in "I". Roma: Giuffrè, anno XLIV, aprile-giugno, 1991, p. 100 – 118.
TROPER, Michel. *Pour une théorie juridique de l'État*. Paris: PUF, 1994, p. 183 ss.
———; JAUME, Lucien (dir.). *1789 et l'invention de la constitution*, Actes du Colloque de Paris, da Association française de science politique, Março de 1989, Paris / Bruxelas, L.G.D.J., Bruylant, 1994.
TZITZIS, Stamatios. *Esthétique de la violence*. Paris : P.U.F., 1997.
———. *La formation du droit en Grèce* in *Instituições de Direito*, I. Coimbra: Almedina, 1998, p. 191 ss.

———. *Les droits de l'Homme entre le mythos et le logos*, "Actes des 1ères Journées scientifiques du réseau Droits Fondamentaux de l'AUPELF-UREF, Tunis, 1996", Bruyant, Bruxellee 1997.

———. *Qu'est-ce que la personne?* Paris: Armand Colin, 1999.

TZU, Sun. *A Arte da Guerra*, trad. port. São Paulo: Madras, 2004.

University of Tennessee. <http://www.utm.edu/research/iep/text/locke/tolerat.htm>.

VALADÉS, Diego. *Conversaciones Académicas com Peter Haeberle*. México: Universidad Nacional Autônoma de México/Instituto de Investigaciones Jurídicas, 2006.

VALLANÇON, François. *L'Etat ou 1'Odyssée*, in "EYDIKIA", Atenas, 1991, nº 1, p. 73 ss., trad. port. de Clara Calheiros, recolhida in *Teoria do Estado Contemporâneo*, org. nossa. Lisboa/São Paulo: Verbo, 2003.

———. *Domaine et Propriété (Glose sur Saint Thomas D'Aquin, Somme Theologique IIA IIAE QU 66 ART 1 et 2)*. Paris: Université de Droit et Economie et de Sciences Sociales de Paris (Paris II), 1985, 3 vols., policóp.

———. *L'Etat ou l'Odyssée*, in "EYDIKIA", I, Atenas, 1991, p. 73 ss.

———. *L'État, le droit et la société modernes*. Paris: Armand Colin, 1998.

———. *l'Hospitalité selon Philémon et Baucis*, in Fides. Direito e Humanidades, III.

VALLET DE GOYTISOLO, Juan Bechmans. *A Encruzilhada Metodológica Jurídica no Renascimento, a Reforma, a Contra-Reforma*, trad., pref., org. de Fernando Luso Soares (Filho), Lisboa: Cosmos, 1993.

———. *Metodología de la determinación del Derecho*. Madrid: Editorial Centro de Estudios Ramon Areces, 1994.

VASAK, K. et. al. *Les Dimensions Internationales des Droits de l'Homme. Manuel destiné à l'enseignement des Droits de l'Homme dans les universités*. Paris: UNESCO, 1978.

VEDEL, Georges. *Souveraineté et supraconstitutionnalité*, in "Pouvoirs", 1993, n.º 67, p. 79-97.

VEGA, Pedro. *La Reforma Constitucional y la Problemática del Poder Constituyente*. Madrid: Tecnos, 1985.

VERGOTINI, G. de. *Diritto Costituzionale Comparato*, trad. cast. com introdução de Pablo Lucas Verdù, *Derecho Constitucional Comparado*. Madrid: Espasa-Calpe, 1983.

VILLEY, Michel. *Le Droit et les Droits de l'Homme*. Paris: PUF, 1983.

———. *Polémique sur les 'Droits de l'Homme'*, in "Etudes Philosophiques", nº 2, 1986, p. 191 ss.

———. *[Précis de] Philosophie du Droit*, I. 3ª ed. Paris: Dalloz, 1982.

———. *Estudios en torno de la nocion de Derecho subjectivo*, tr. cast., Presentación de Alejandro Guzmán Brito, Valparaiso, Ediciones Universitarias de Valparaiso, 1976.

———. *La Formation de la Pensée Juridique Moderne*, nova ed. corrig. Paris: Montchrestien, 1975.

———. *Le droit dans les choses*, in Paul AMSELEK / Christophe GRZEGORCZYK (dir.), Controverses autour de l'ontologie du droit. Paris: P.U.F., 1989, p. 11 ss.

———. *Le Droit et les Droits de l'Homme*. Paris: P.U.F., 1983.

———. *Le Droit Romain*. 8ª ed. Paris: P.U.F., 1987.

———. *Réflexions sur la Philosophie et le Droit. Les Carnets*. Paris: P.U.F., 1995.

VORLAENDER, Hans. *Integration durch Verfassung*, VS Verlag für Sozialwissenschaften, 2002.

———. *Verfassung und Konsens*. Berlin: Duncker & Humblot, 1981.

WAGNLEITNER, Reinhold. *Coca-Colonisation und Kalter Krieg: Die Kulturmission der USA in Österreich nach dem Zweiten Weltkrieg*, Wien, Verlag für Gesellschaftskritik, 1991.

———; MAY, Elaine Tyler (eds.). *"Here, There, and Everywhere": The Foreign Politics of American Popular Culture*. Hanover: University Press of New England, 2000.

WEILER, J. H. H. *The Constitution of Europe*, Cambridge, Cambridge University Press, trad. it. de Francesca Martines, *La Costituzione dell'Europa*, Bolonha, Il Mulino, 2003.

ZENHA, Francisco Salgado. *Processo Civil, Constituição e Democracia*, in "Revista da Ordem dos Advogados", ano 52, Julho 1992, II, p. 341 ss.